Benoît R. SOREL

L'agroécologie c'est super cool !

et autres arguments très sérieux en faveur de l'agroécologie

Le Jardin des Frênes
Saint Jean de Daye (50)

DU MÊME AUTEUR

À l'école d'agriculture durable – institut technique d'agriculture naturelle

- *Cours d'entomologie pour l'agriculture naturelle*

Aux éditions BoD

- *L'élevage professionnel d'insectes : points stratégiques et méthode de conduite*
- *L'agroécologie : cours théorique*
- *L'agroécologie : cours technique*
- *NAGESI. Nature, société, spiritualité*
- *Les cinq pratiques du jardinage agroécologique*
- *Réflexions politiques. Responsabilité, autorité, clarté*
- *Quand la nuit vient au jardin. Émotions déplaisantes et ephexis au jardin agroécologique*

À paraître

- *À la recherche de la morale française. Réflexions à partir de l'ouvrage de Jean-Marie Domenach 'Morale sans moralisme'*
- *Sens de la vie et pseudo-sciences*

Ainsi que des textes gratuits disponibles sur

http:\\jardindesfrenes.jimdo.com

© 2017, Sorel, Benoît R.
Edition : Books on Demand,
12/14 Rond-Point des Champs-Elysées, 75008 Paris
Impression : BoD - Books on Demand Norderstedt, Allemagne
ISBN : 9782322086115
Dépôt légal : novembre 2017

Sommaire

Introduction 1

Des phrases à semer 8

L'agriculture durable 12

L'agroécologie est-elle « économiquement viable » ? 21

Lettre au président 31

Les devoirs de l'agriculteur 35

L'agroécologie : une agriculture des sens 38

S'épanouir au travail 42

Le rapport au client 46

Fukuoka expliqué 55

En conclusion 74

Introduction

Promouvoir l'agroécologie

Promouvoir l'agroécologie, auprès des jeunes, auprès des moins jeunes, auprès des consommateurs, auprès des écologistes, auprès des personnes malades, auprès des personnes en bonne santé, auprès des fonctionnaires, auprès des agriculteurs, auprès des élus : la promotion de l'agroécologie est indispensable.

Mais elle n'est pas facile. Discipline jeune en train de se créer, sous-discipline de l'agriculture biologique, ni permaculture ni agriculture naturelle, bases scientifiques, objectifs agronomiques : quels arguments utiliser pour promouvoir l'agroécologie efficacement ? Des arguments trop courts, trop rapides, trop vite contredits, vont nuire à son développement. De même, si la présentation que l'on fait de l'agroécologie laisse nos interlocuteurs indifférents, cela lui est dommageable. Il faut promouvoir et convaincre.

L'agriculture conventionnelle, chimique et mécanisée, ici en France et à l'étranger d'où proviennent des importations croissantes, demeure majoritaire et très active en termes de lobbying, de publicité, de syndicats, de politique, d'activité bancaire. Elle imprime toujours plus ses marques sur la psyché des consommateurs, via les promesses de prix toujours plus bas et d'une qualité toujours plus haute. Promesses contradictoires impossibles à tenir, mais plus ce mensonge est éhonté, plus il est répété, plus le peuple en est imprégné, plus le peuple en fait sa référence économique et sécuritaire.

L'agroécologie se veut être une alternative crédible à l'agriculture conventionnelle. Ses techniques font leurs preuves ; il convient donc désormais de la promouvoir avec confiance et raison. Le temps des pionniers est révolu.

Dans cet ouvrage je vais vous présenter les messages que je considère comme essentiels à faire passer, accompagnés de tous les arguments que j'ai réunis depuis cinq ans que je me consacre à l'agroécologie.

Corps et esprit de l'agroécologie

L'agroécologie n'est pas qu'un ensemble de techniques, dérivées de principes agroécologiques, eux-mêmes dérivés de connaissances scientifiques. Il est nécessaire de présenter les techniques agroécologiques, qui en sont le corps, mais il faut aussi en faire connaître l'esprit.

L'esprit de l'agroécologie, c'est des principes, les principes agroécologiques, ainsi que des façons de penser le sol, les plantes et la nature. Ces façons de penser la nature cultivée sont d'une part scientifiques (ce sont des théories de la science écologique) et d'autre part logiques, pour ne pas dire philosophiques. D'une part on pense la nature avec des termes scientifiques, d'autre part on pense la nature avec des termes quasiment philosophiques, qui recouvrent les domaines allant de l'agronomie à la spiritualité, en passant par la psychologie et la sociologie. En agroécologie on ne conçoit pas la nature de la même façon qu'en agriculture conventionnelle : on l'aborde sous tous ses aspects. Qui dit pensées alternatives dit actions alternatives : l'agroécologie est une alternative, un « faire autrement » à l'agriculture chimique dominante. Il faut donc aider le public à aller vers ces façons originales de concevoir la nature, que ni l'éducation ni l'état ni l'industrie ni les chambres d'agriculture ne relaient. Les agroécologistes ne doivent compter que sur eux-mêmes pour faire connaître leur discipline.

Passons aux techniques. Principes et façons de penser agroécologiques sont valables dans tous les pays du monde ; mais les techniques agroécologiques, elles, doivent être adaptées aux conditions locales (climat, sol et sous-sol, végétation naturelle…) Les techniques agroécologiques varient d'un pays à l'autre, d'une région à l'autre, c'est normal.

Qui dit techniques adaptées dit réflexion préalable : il faut réfléchir aux objectifs de production, aux moyens disponibles, sans dévoyer l'esprit de l'agroécologie ! On ne met pas l'agroécologie en pratique en deux coups de cuiller à pot : l'agroécologie est un vrai métier, qui demande effort de réflexion et effort de travail manuel.

Vous avez à cœur de mettre en pratique l'agroécologie dans votre jardin ou dans votre champ, en tant que loisir ou en tant qu'activité professionnelle ? Sans réflexion vous n'y arriverez pas. L'agroécologie est affaire de tête, de cœur et de main *tout ensemble*. En agroécologie il n'y a pas de spécialisation – contrairement à l'agriculture industrielle.

Promouvoir l'effort de changer

Étant chaque jour en train de se créer via l'inventivité des paysans, maraîchers et jardiniers agroécologistes en France et sur toute la planète, l'agroécologie est moderne et il faut mettre en avant cet aspect. Mais attention : le grand public est conformé à la modernité 'industriello-politico-publicitaire-médiatique', qui incite à ne pas réfléchir et à tout vouloir instantanément. Cette modernité instille la pensée que progrès = toujours plus de rapidité et de facilité. L'agroécologie peut-elle être expliquée en cinq minutes, et comprise en cinq minutes ? C'est ce que le public attend, mais il sera déçu. Si l'agroécologie se laissait expliquer en cinq minutes, elle ne vaudrait pas mieux qu'un jeu pour enfant. Attention donc à ne pas trop réduire l'agroécologie, car on pourrait en dire « ah, ce n'est que ça ».

L'agroécologie est certes un ensemble de techniques et de principes, mais elle est en même temps un chemin de vie. Elle est une activité humaniste qui transforme les rustauds en gens sensibles, les bourrins en penseurs, et les précieux-ses en hommes et femmes des champs. N'est pas agroécologiste qui veut ! Là aussi, mesurez bien la différence avec la norme en vigueur dans le monde du travail industriel : dans ce monde, où 90 % de la population s'active, les individus sont interchangeables. Il n'y a pas de « métier-passion » mais uniquement des postes de travail spécialisés, qui tendent à réduire l'être humain soit à une machine soit à un cerveau, et qui remplacent l'humain par une machine ou par un ordinateur dès que cela est possible. Au contraire, en agroécologie l'humain est l'alpha et l'oméga. Il n'existe pas de jardinier agroécologiste fourbu par son travail.

La modernité nous habitue, aussi, à penser que l'effort physique est quelque chose de dégradant. Suer au travail est considéré comme rétrograde, au point d'être combattu par les syndicats en tant que preuve de « mauvaise condition de travail ». Cette généralisation n'est pas justifiée. En faisant la promotion de l'agroécologie, il faut faire passer le message que justement l'avenir ne se construit avec confiance que par l'effort, la réflexion et la persévérance. C'est un message à contre-courant : il faut rétablir la valeur de l'effort, physique comme intellectuel. Dans le flot des publicités débilitantes et excitantes dont sont submergées les populations de tous les pays par les industries de toute sorte, être humaniste aujourd'hui c'est redonner de la valeur à l'effort et au temps long. Le travail physique est supportable *à condition* de le faire alterner avec du travail de la tête – dans l'industrie, dans la logistique, les personnes qui chargent et déchargent des colis ne font que ça d'un bout à l'autre de l'année, et toujours en travaillant aussi vite que possible. Dans ces conditions, le travail physique est effectivement dégradant. Et humiliant.

La modernité 'industriello-politico-publicitaire-médiatique', avec son flot incessant de publicité et autres méthodes de manipulation mentale des peuples, est également répétitive, somnolente, anesthésiante, étouffante, ennuyante. Elle ne répète qu'un seul message : « produisez plus – consommez plus ». Au contraire, l'agroécologie est humaniste, car aujourd'hui elle porte le message qu'il est possible de faire autrement. Par sa seule existence, l'agroécologie dit qu'un choix existe : le choix entre l'agriculture industrielle ou l'agriculture artisanale. Le choix entre une agriculture qui a en son centre des impératifs financiers et une agriculture qui a en son centre le bien-être humain. Sans choix possible, pas de liberté, pas d'humanité. L'agroécologie peut capter tous les individus qui ont ouvert les yeux sur la répétitivité de la communication industrielle, et l'ennui, le manque de sens, que cela génère. L'agroécologie est une ligne d'évolution.

Promouvoir l'agroécologie nécessite aussi de parler un peu de l'alimentation. Rien n'est simple dans ce monde. Par expérience, je sais qu'il est facile de produire des légumes et des fruits agroécologiques. La difficulté est de les vendre. L'agroécologie est polyculture, mais la majorité de la population ne voudra qu'une seule variété par espèce, et que dix espèces tout au long de l'année ! C'est mon expérience. Alors qu'il est possible d'en cultiver plus d'une centaine et alors que les saisons déterminent les possibilités de culture. Alors pourquoi ces habitudes alimentaires monotones ? Parce que l'Homme moderne ne sait pas manger. Il ne sait pas faire *les liens* entre l'alimentation et la santé, entre l'alimentation et le climat, entre l'alimentation et la nature, entre l'Homme et la Nature. Donc il ne mange que ce qu'il juge agréable au goût, rapidement ingérable et longtemps stockable. Ce thème déborde hélas l'agroécologie et je vous invite à consulter des ouvrages dédiés, nombreux et disponibles dans toutes les librairies et les bibliothèques.

L'agroécologie, pour celui ou celle qui la découvre, offre l'opportunité de repenser son rapport au monde. Et une fois convaincu par l'agroécologie, il n'y a pas de retour en arrière possible. De mouton médiatique l'individu devient berger de sa vie. Mauvaise nouvelle pour certains, qui siègent dans de grands immeubles richement décorés et meublés, qui gagnent chaque mois plusieurs milliers d'euros sans fournir le moindre effort physique ni même intellectuel (je parle des lobbyistes des grands groupes industriels de l'agro-alimentaire). Mais bonne nouvelle pour cet individu qui aura pris conscience du choix qui existe !

En fait, je souhaite que ce petit ouvrage n'attire pas trop l'attention des lobbyistes, des publicitaires et des chargés de communication de l'agro-industrie. Ce milieu ne manque pas de docteurs en psychologie, en philosophie, en histoire, en sociologie surtout, qui seront promptes à concevoir des contre-arguments. Mais l'intelligence de ces gratte-papier est en même temps leur faiblesse : le temps qu'ils passent à réfléchir est autant de temps qu'ils ne passent pas dans le champ ou dans le jardin, à cultiver, à observer et à ressentir les cultures qui poussent et les récoltes qui approchent. L'agroécologie – celle que je pratique et que je promeus – ne sépare pas la pratique de la théorie, d'où une force d'argumentation considérable et globale.

En conclusion de cet ouvrage, je vous proposerai de renouer avec la pensée originelle du pionnier Masanobu Fukuoka, inventeur de l'agriculture sauvage au Japon, dans les années 1950-1960. L'agroécologie en est dérivée : les principes de l'agriculture sauvage sont au centre de l'esprit agroécologique. Il faut donc s'astreindre à les connaître et à les respecter dans l'innovation technique. Ils sont une source atemporelle de convictions et d'inspirations, qui participera au même titre que les connaissances écologiques scientifiques à faire passer l'agroécologie du statut de mode au statut d'agriculture pérenne. Faire la promotion de ce précurseur de l'agroécologie permet de montrer au public que les façons alternatives de concevoir l'agriculture sont durablement fécondes.

Note :

Pour le détail des théories, principes et techniques de l'agroécologie qui seront évoquées ici, j'invite le lecteur à se référer à mes précédents ouvrages.

Des phrases à semer

L'agroécologie est une discipline agricole nouvelle, sous-discipline de l'agriculture biologique. Si on n'a pas un pied – ou deux – dans le monde agricole, on ignore tout des forces et des formes de l'agroécologie. On peut pas deviner en quoi elle consiste, de la même manière que vous ne pouvez pas deviner ce que représente le cercle de Vienne si vous n'avez pas une formation en philosophie des sciences.

Je m'efforce de faire connaître l'agroécologie autour de moi. J'utilise dans un premier temps ces quelques phrases, imprimées sur un petit prospectus que je prends soin de donner à chacun de mes nouveaux clients :

- Pas de pesticide, pas d'hybrides, pas d'OGM, pas d'engrais ;
- Semis, plantation, paillage et récolte manuels ;
- Amendements de compost, cendre, purin d'ortie et de consoude ;
- Terreau produit sur place ;
- Couverture du sol entre les cultures avec du foin ; après les cultures avec des engrais verts ou du foin.

Depuis cinq années, je cherche toutes les façons possibles de présenter succinctement les objectifs de l'agroécologie, pour la démarquer de l'agriculture conventionnelle, évidemment, mais aussi de l'agriculture biologique. Définir succinctement l'agroécologie n'est pas facile : en plus de devoir la résumer, il faut faire passer le message qu'elle est apte au futur. Qu'elle n'est pas une mode. J'essaie donc, entre autres, de semer les phrases suivantes en jouant avec les contraires :

Le GRAND DÉFI de l'agroécologie, c'est :
– des fruits et légumes de haute qualité
– que la majorité des gens peuvent acheter
– au juste prix pour le consommateur et pour le producteur
– produits dans une terre durablement fertile.

Une agriculture DURABLE, c'est
– des fruits et légumes
– de haute qualité
– en quantités limitées.

Une agriculture non durable, c'est
– des fruits et légumes
– en quantités illimitées
– mais de piètre qualité.

Un ÉCOSYSTÈME durable, c'est un écosystème
– qui augmente les conditions propices à la vie
– quand il croît et quand il meurt,
– ainsi il se régénère perpétuellement.

Un écosystème non durable, c'est un écosystème
– qui réduit les conditions propices à la vie
– quand il croît et quand il meurt,
– ainsi il se régénère de moins en moins.

Le COMPOST, ce sont les cendres du phénix. Arrivée à maturité, la vie donne ses fruits puis elle se décompose. Feuilles et tiges rabougrissent, deviennent compost. Et le compost remis en terre, l'année suivante aidera la vie à renaître et à croître à nouveau jusqu'à maturité.

Il faut « semer » l'agroécologie pour qu'elle s'épanouisse ; elle n'est pas un aboutissement mais un commencement. Elle n'est pas un recommencement parce qu'elle n'est pas un retour aux pratiques d'avant la chimie agricole. Elle n'est pas l'agriculture du début du 20ᵉ siècle : il faut bien comprendre cela.

Aujourd'hui, cinq ans après avoir commencé à vulgariser l'agroécologie, je me heurte à la vulgarisation de l'objectif d'*autonomie* (l'autonomie de matière propre à l'agroécologie). Jardinier agroécologiste, je cultive sans utiliser de fumier, sans utiliser aucun intrant. Je suis autonome en matière – mon bilan de matière est nul (quand il est négatif, il faut importer des intrants pour maintenir ou restaurer la fertilité du sol, pour compenser les minéraux exportés). En quoi utiliser du fumier est-il mal ? peut-on me demander. Imaginons qu'un éleveur biologique, qui ne soit pas dans une logique de production industrielle, me donne gracieusement du fumier de qualité, qui ne contiendrait pas de résidu de médicament : pourquoi devrais-je le refuser ? Les légumes agroécologiques, cultivés sans fumier, sont-ils plus sains que ceux cultivés avec du fumier ? Sont-ils meilleurs ? Je répondrais que l'éleveur doit garder son fumier et l'épandre sur ses terres, pour les maintenir fertiles. Mais s'il n'en a vraiment pas besoin ? Que son bilan de matière reste positif même s'il me donne ce fumier et donc qu'il n'hypothèque nullement la fertilité de ses terres ? Face à cet argument, il est difficile de justifier l'agroécologie. Un maraîchage biologique couplé à un élevage biologique est un couple gagnant car durable, je le concède tout à fait. Mais le travail avec du fumier implique le stockage, le transport et l'épandage du fumier, nécessairement avec tracteur parce que le fumier est lourd. En agroécologie, non mécanisée, on stocke, on transporte et on répand du foin et de la tonte, ce qui est bien plus léger et donc faisable à la force des bras. Et une couverture de foin réduit fortement la levée des mauvaises herbes : le désherbage s'en trouve réduit.

Dans une région d'élevage comme la Normandie, je reconnais que j'ai du mal à justifier le non-usage du fumier. Pourquoi est-ce que je « m'embête » à faire du foin, ce qui implique que je ne puisse cultiver que 650 m², le reste de mon demi-hectare devant servir à produire foin et tonte pour couvrir le sol entre les cultures. En plus du moindre effort physique si on renonce à utiliser du fumier, j'ai donc encore un argument : la fierté d'être autonome. La fierté de gérer à la fois son espace de culture et la prairie qui y est associée. Je suis fier de parvenir à gérer une prairie pour qu'elle me donne du foin chaque année sans qu'elle ne s'appauvrisse. Ce foin est véritablement une source durable et renouvelable de matière organique. En plus, il me semble que bien connaître l'herbe m'aide à mieux connaître mes cultures. Le maraîcher biologique qui met en culture toutes ses terres n'a pas connaissance du rythme de l'herbe. L'herbe de ma prairie est une sorte de référence : en fonction de sa croissance, je sais quelle croissance je peux espérer pour mes légumes. Pour qui la connaît, elle est un indicateur subtil de la vigueur du sol et des plantes en fonction de la météo. Elle indique quand le sol « se fait », se repose et quand il donne. Suivez les conseils de l'herbe, l'or vert de Normandie !

Et peut-être que je n'ai pas encore assez d'expérience pour identifier tous les avantages d'utiliser du foin et de la tonte plutôt que du fumier. Après cinq années de pratique, je ne suis qu'au début du chemin. Le temps agricole est le temps long des décennies ; une année pour l'humain n'est qu'une journée pour la terre.

Disons que l'agroécologie me convient bien, car je suis quelqu'un qui ne parvient pas à se spécialiser. J'aime la diversité des taches de travail. Je cultive et j'écris (sur différents thèmes), et quand je cultive je ne fais pas que cultiver parce que je gère aussi ma prairie.

L'agriculture durable

Pourquoi faut-il que l'agriculture soit durable ? Elle doit l'être, sinon la société s'effondre, c'est évident pour moi. L'agriculture est la base de toute société. Mais l'agriculture conventionnelle n'est-elle pas durable ? me demanderez-vous. Va-t-elle s'arrêter demain ou après-demain ? Avec les engrais, ne parvient-on pas, d'une façon ou d'une autre, à toujours obtenir des récoltes abondantes, faisant de la France un grand pays agricole ?

Oui, jusqu'à présent il semble bien que la terre de France soit inépuisable. Sauf que... si on utilise des engrais, n'est-ce pas parce qu'elle est épuisée ? Prenez-vous des vitamines quand vous êtes en bonne santé ? Je ne pense pas.

Bon, et l'AB alors ? On justifie l'agriculture biologique d'abord par le renoncement aux pesticides, ce qui permet d'éviter la présence de résidus de pesticides dans les récoltes, résidus que l'on consomme, résidus dont la nocivité est établie. L'AB évite de faire un pari avec notre santé et avec celle des générations à venir.

Cela est bien, mais l'AB est-elle pour autant durable ? Au 19e s. l'agriculture a progressivement changé, abandonnant le fumier de cheval pour les engrais minéraux puis chimiques. Pourquoi ? À cause du moteur à explosion, qui a remplacé les chevaux. Finies les tonnes de fumier gratuites et toujours disponibles. L'ancienne agriculture traditionnelle, de fait biologique, a disparu parce qu'elle reposait sur l'usage du fumier de cheval. Elle n'était donc pas si durable que ça. Elle dépendait du moyen de locomotion de l'époque : le cheval. L'évolution des moyens de locomotion a bouleversé l'agriculture !

Aujourd'hui l'AB utilise beaucoup de fumier de cheval qui provient de centres équestres. Donc l'AB dépend d'une activité de loisir. Que les gens arrêtent l'équitation loisir et il n'y aura plus de production biologique ! Le message que je veux faire passer est celui-ci : cultiver sans utiliser de fumier est possible, cela ne va pas appauvrir les terres. Comment ? Pourquoi ? C'est là le centre de l'esprit de l'agroécologie, que je vais expliquer dans les pages qui viennent. Et renoncer à utiliser du fumier fait de l'agroécologie une agriculture qui ne dépend pas de la forme du moyen dominant de locomotion ou d'une activité de loisir, ce qui promet une meilleure durabilité que l'AB.

L'équation de la vie

La vie. Un sol fertile et en surface la vie foisonne de plantes et d'animaux. Un sol stérile et la vie disparaît (les plantes du moins). À défaut de tenir pour acceptable que la terre de France devienne désertique, tout le monde convient qu'elle doit demeurer fertile, et ce pas seulement aujourd'hui ou jusqu'en 2050, mais aussi longtemps que l'évolution géologique de notre continent le permettra.

Le sol doit être durablement fertile et pour cela, il faut :

- ☑ Présence de matière minérale : argiles, limons et sables qui constituent le sol ;
- ☑ Présence de biomasse végétale : des plantes en décomposition, sur le sol et dans le sol (feuilles mortes et racines mortes) ;
- ☑ Présence de la microfaune et de la mésofaune du sol : vers de terre, acariens et collemboles, bactéries, champignons et algues microcellulaires, qui vont transformer la biomasse végétale morte en humus ;
- ☑ Des conditions de vie dans le sol favorables à la microfaune et à la mésofaune : le sol doit être couvert soit par un couvre-sol végétal

vivant, soit par un couvre-sol végétal en décomposition, pour que le sol demeure frais et humide.

Ces quatre critères sont réunis ? Alors le sol produira des récoltes d'une année sur l'autre, sans s'épuiser.

D'où provient la biomasse végétale ?

Soit elle provient du sol même où on cultive : on ne prélève alors que les graines ou les fruits des plantes, et on laisse tout le reste se décomposer sur place. Ou on exporte totalement la culture et on alterne une année sur l'autre culture exportée / engrais vert entièrement laissé sur place. Soit la biomasse provient d'un sol auquel on affecte la seule fonction de produire de la biomasse végétale à exporter ; et on va importer cette biomasse sur le sol affecté aux cultures. C'est ce que je fais avec ma prairie associée au jardin.

Et les intrants ?

En agriculture durable, l'agriculteur ne fait entrer aucune matière ni minérale ni organique, aucun engrais, aucun produit phytosanitaire, dans son domaine. Il ne fait rentrer sur ses terres que des semences !

L'équation de la vie pour une agriculture durable est donc :

Matière minérale du sol + biomasse végétale produite sur place + sol vivant + sol couvert + semences = fertilité durable

L'agroécologie est une agriculture durable. L'agriculture conventionnelle, dès qu'elle requiert des engrais ou d'autres intrants, n'est plus durable. Notez que l'agriculture biologique n'est pas non plus nécessairement durable, car elle autorise les intrants d'engrais minéraux et organiques (fumier ou compost) qui ne sont pas produits sur place.

D'un point de vue scientifique écologique, on sait désormais expliquer pourquoi en étalant de la paille ou du foin sur le sol, qui sont riches en *carbone*, on enrichit le sol en *azote*. Étalée sur le sol, et non enfouie, la paille est digérée par des bactéries qui absorbent l'azote de l'air pour synthétiser leurs protéines. Ces bactéries meurent et/ou sont ingérées par les vers de terre, elles sont donc incorporées au sol, ce qui l'enrichit en azote !

L'agroécologie est un cadre dans lequel on peut se fixer le défi de la durabilité

L'agroécologie se veut être une agriculture durable, durabilité que l'on peut résumer ainsi :

- L'agriculteur n'achète que des graines ;
- Il vend des produits de haute qualité, donc en quantité limitée ;
- Les terres gérées selon « l'équation de la vie » sont durablement fertiles.

En décidant d'être autonome, on est en mesure d'évaluer la productivité par m² de l'exploitation. Si on utilise des intrants, cette mesure n'est plus possible.

La durabilité n'est qu'un objectif théorique, me direz-vous : l'équation de la vie demande à être prouvée. Si les pages précédentes ne vous ont pas convaincu, laissez-moi rajouter ceci : seule l'agroécologie permet de poser la question de la durabilité. *Il n'y a pas de question plus importante*. À l'échelle de l'humanité, une agriculture qui produit beaucoup mais qui épuise les terres au bout de quelques siècles, engendre finalement le déclin de la civilisation qu'elle devait porter. Elle prépare les famines. À quoi bon faire augmenter la population, si celle-ci doit diminuer un jour futur pour cause de famine ? Aujourd'hui, est-on certain que l'agriculture conventionnelle n'épuise pas les sols ? Si elle les épuise, même lentement, dans cent ou dans trois cents ans, les sols seront stériles. Si on n'est pas certain à 100 % qu'une agriculture n'épuise pas les sols, alors on est certain qu'il y aura tôt ou tard pénurie, famine et fin de la civilisation. Il incombe à la profession agricole d'éviter que cela ne se (re)produise. Suivre les cours des productions végétales à Wall Street et suivre les avis des banquiers et des comptables détournent les agriculteurs de leur raison d'être.

L'agriculteur agroécologique a dans sa tête des connaissances et des questionnements que n'ont pas les autres agriculteurs. Ces connaissances et questionnements sont utiles, car ils se traduisent en techniques. Et ces techniques maintiennent la fertilité des sols. Voici ces connaissances issues de la science écologiques, qui sont aujourd'hui encore trop mal connues.

- La succession végétale : d'un sol nu en passant par l'installation des lichens, puis des herbes pour aboutir finalement aux arbres, la quantité totale de biomasse produite sur une surface de terre donnée augmente d'année en année, jusqu'à atteindre 40 tonnes par an et par hectare pour une forêt mature. #1

- Le principe de la « petite partie » : sur une surface donnée, dans une nature sauvage, seule une petite partie de cette surface fait pousser des plantes qui nous sont comestibles. De ces plantes comestibles, nous ne pouvons manger qu'une petite partie (le fruit, la racine, la tige charnue, etc). #2

- Le point de bascule de la fertilité : il existe un pourcentage de biomasse qu'on peut exporter d'une prairie ou d'une forêt sans mettre en péril la fertilité de son sol. #3

Le système de production agroécologique est fermé sur lui-même, ne s'ouvrant que pour laisser sortir de la biomasse sous forme de récoltes destinées à la vente. En agriculture conventionnelle, le système agricole est ouvert : l'agriculteur utilise de nombreux intrants (calcaire, engrais, pesticides). Étant ouvert, il n'est pas possible d'évaluer dans quelle mesure le système agricole – pour le dire plus simplement l'ensemble des terres gérées par l'agriculteur – perd de la biomasse ou produit de plus en plus de biomasse ou a une production stable de biomasse d'une année sur l'autre. Les intrants modifient la quantité de biomasse et/ou le pouvoir transformateur de matière minérale en matière organique par les plantes. La question de la durabilité ne peut pas y être posée et encore moins testée.

En agroécologie, la terre est gérée avec des techniques dérivées de l'équation de la vie. Ainsi la terre est censée demeurer fertile d'une année sur l'autre. Si ce n'était pas le cas, la terre deviendrait de moins en moins fertile, et le tonnage de récolte diminuerait, preuve que ce mode d'agriculture ne serait pas durable. Il serait facile de vérifier cela (notez que l'étude qui a révélé la formidable productivité de la ferme du Bec Hellouin ne porte pas sur la durabilité). Et si le tonnage baisse, il serait facile de tester quel ratio surface cultivée / surface totale du domaine assurerait la durabilité (dans mon jardin, ce ratio est actuellement d'environ 1 pour 5). Pour l'agriculture conventionnelle, et biologique pour une large part, il est inutile de faire ces mesures : chaque année il faut des intrants sinon le tonnage de récoltes diminue inévitablement.

En ce qui me concerne, depuis 2013 le tonnage de foin produit par ma prairie augmente chaque année. En cette année 2017, la seule fauche de printemps fut si importante que je n'ai pas eu besoin de faucher en ce début d'automne (j'ai donc tondu en mode mulching ma prairie, pour ramener tout le foin au sol, et ainsi le nourrir et garantir sa fertilité pour l'année prochaine).

Justus von Liebig, qui a démocratisé l'usage des engrais chimiques au 19e siècle, écrivait que ces engrais permettent d'augmenter la production *à condition* de continuer à utiliser du fumier et autres amendements traditionnels pour enrichir les sols ! Utiliser des engrais sans utiliser du fumier va entraîner inévitablement une baisse de la production, via un appauvrissement du sol. On sait cela depuis plus de cent ans. Mais l'agriculture conventionnelle a choisi cette voie...

La fertilité, et donc la durabilité, d'un système agricole ouvert dépendent des intrants. En agriculture conventionnelle, sans intrants de fumiers, d'engrais, de pesticides, d'aliments pour les animaux en provenance d'autre pays (soja d'Amérique du Sud notamment), la fertilité des sols baisse. Dans un tel système, l'agriculteur n'est pas responsable de la durabilité de la fertilité de ses terres : elle dépend de la quantité et de la qualité des intrants qu'il achète, intrants produits en d'autre lieux par des personnes qui ne lui sont pas assujetties. Se faisant, je pense que l'agriculteur trahit sa responsabilité envers l'humanité. En renonçant à sa responsabilité de maintenir la fertilité des sols, l'agriculteur a permis à d'autres catégories professionnelles de s'enrichir grandement, à ses dépens...

L'agroécologie permet de tester si la durabilité agricole est une utopie ou une réalité. L'agriculture conventionnelle ne va pas au-delà d'une réponse négative à cette question, et l'agroécologie va plus loin. D'autres connaissances écologiques attendent encore d'être traduites en techniques : phytosociologie, effets de lisière, stratification de la végétation... Elles permettront d'apporter une réponse à la question suivante : le ratio biomasse totale / biomasse récoltée demeurant à priori constant, le tonnage de récolte peut-il être augmenté via l'augmentation de la biomasse totale produite ? Une fois cette question répondue, on pourra dire quel tonnage de récolte l'agroécologie peut assurer en toutes circonstances, et quelle population peut donc être nourrie durablement.

Actuellement, l'agriculture conventionnelle produit beaucoup, par unité de surface comme par heure de travail. Mais je pense que le gaspillage alimentaire considérable (estimé à 30 % des récoltes), la production de biocarburants, la diminution des surfaces de terres arables, la baisse du goût des produits (donc leur valeur nutritive) et l'augmentation de la population mondiale, annulent ces « gains de productivité » engendrés par la mécanisation, les « bonnes pratiques agricoles », les engrais de synthèse, les pesticides et l'amélioration des variétés. Devons-nous être, dans un futur proche, 10 milliards d'individus mal nourris ? Ou ne pouvons-nous pas être moins nombreux mais mieux nourris ? L'objectif de pratiquer une agriculture durable ne fait de sens que s'il est couplé à l'objectif de maîtrise de la natalité.

Le nouveau paradigme agroécologique : en route vers une agriculture durable

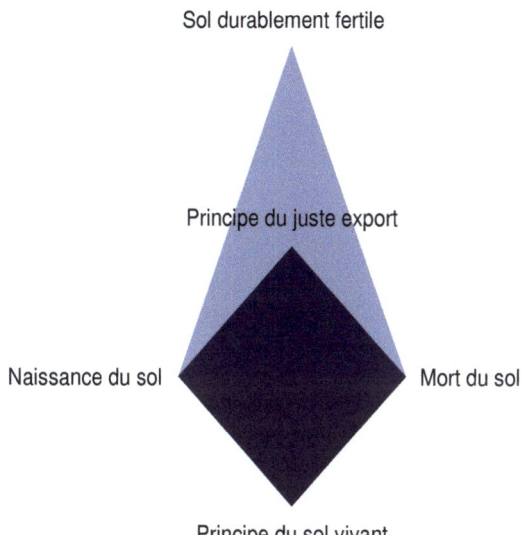

Un sol naît progressivement grâce à des processus biologiques et écologiques qui transforment et unissent la matière minérale, végétale et animale en humus.

Un sol est dit vivant quand il est recouvert par une couche de végétaux en décomposition. Ceux-ci vont se transformer en humus grâce aux vers de terre, collemboles, acariens, champignons et bactéries. L'humus permet en retour la croissance des plantes.

Un sol « meurt » quand les processus de création d'humus ne peuvent plus avoir lieu, notamment quand le sol est mis à nu et qu'il ne reçoit plus de végétaux en décomposition.

Si l'Homme prélève tous les végétaux, l'humus n'est plus régénéré, les cultures ne poussent plus. Si l'Homme prélève *une partie* des végétaux et laisse l'autre se décomposer, alors le sol reste vivant.

Le sol est durablement fertile quand l'Homme ne prélève que sa « part » et laisse au sol la « part de la Nature ».

- ☑ Pour chaque culture, l'agriculteur doit déterminer quelle est la part de l'Homme et la part de la Nature ;
- ☑ L'apport d'intrants minéraux (engrais, marne, tangue, sable) est inutile ;
- ☑ La production par unité de surface est limitée, mais inépuisable.

Il n'existe aucune agriculture durable qui puisse nourrir une population constamment croissante. Il n'y a d'agriculture durable que lorsque la natalité est maîtrisée, car un sol ne peut pas produire toujours plus. Gravons bien cela dans nos têtes !

L'agroécologie est-elle « économiquement viable » ?

La question qui tue

« Monsieur, arrivez-vous à vivre de votre production agroécologique ? Votre petite entreprise agricole est-elle viable ? » Voilà ce qu'on me demande régulièrement.

Ce genre de question m'a beaucoup travaillé. Question légitime d'une part, question qui ne fait pas de sens d'autre part. Légitime car l'agroécologie est une nouveauté, et comme toute nouveauté son accueil n'est pas évident. Elle doit faire ses preuves. Question insensée d'autre part parce qu'aujourd'hui, sans subventions publiques, toute l'agriculture française s'effondre. *L'agriculture française n'est pas économiquement viable : c'est un fait*. Le ministère de l'agriculture considère qu'une entreprise agricole est économiquement viable quand elle satisfait aux conditions pour ... recevoir des aides publiques ! Le constat de non-viabilité économique est indiscutable tant au niveau des agriculteurs qu'au plus haut niveau de l'état : la loi du marché de l'offre et de la demande ne permet pas aux agriculteurs de se faire une rémunération décente. Les prix des productions agricoles sont trop bas. Sans subvention publique, les produits agricoles français ne peuvent pas être vendus sur le « marché mondial ».

Si notre agro-industrie nationale n'est pas viable, n'est pas *rentable* pour le dire simplement, n'attendons pas des maraîchers agroécologiques qu'ils génèrent du bénéfice ! Nous maraîchers agroécologistes devons expliquer que la question de la viabilité ne fait pas de sens.

Le problème de la sécurité sociale agricole

Prenons un peu de recul. Comment ont réagi nos élus, depuis les années 1980, sur la question de la rémunération agricole ? Ont-ils pris des mesures pour permettre au peuple de payer les productions agricoles au juste prix ? « Le juste prix » : kézako ? Ce n'est pas le prix le plus bas, comme le clament sur toutes les ondes la grande distribution et notamment un certain discounter. Le juste prix, c'est quand les parts du budget des familles pour l'alimentation, le logement et l'éducation sont équivalentes. Parce que ces trois budgets correspondent à des besoins de base. Nos élus, par facilité, ont décidé de la paupérisation des agriculteurs plutôt que d'arbitrer les prix pour pallier aux limites de la loi de l'offre et de la demande. Si bien qu'aujourd'hui notre société repose sur le sacrifice des agriculteurs. Sacrifice que l'on couvre pudiquement d'un voile de subventions…

Voyez les comparaisons suivantes. La cotisation sociale agricole est de 4000 €/an par agriculteur. Si un agriculteur travaille 2000 heures par an, il cotise donc 2 € par heure. Un ouvrier, une femme de ménage, un magasinier, payés au SMIC, cotisent 6 € par heure de travail. Voyez comment l'égalité de notre devise nationale est ainsi bafouée. La santé d'un agriculteur, sa retraite, sa famille, vaut trois fois moins que celle d'un employé du régime général… Autre inégalité, qui concerne particulièrement l'agroécologie : la « cotisation solidaire » agricole. La MSA (mutualité sociale agricole) décide de la SMI, surface minimum d'installation. Si la surface cultivée est inférieure à la SMI, l'agriculteur n'a pas le droit de cotiser. Ni pour sa santé, ni pour sa retraite, ni pour la famille. Pour avoir le droit de vendre ses produits, il doit payer à la MSA la « cotisation solidaire », qui ne lui ouvre aucun droit, qui ne lui donne rien en retour – un vol légal, donc. Le maraîchage agroécologique (et permacultural) se pratique nécessairement sur de petites surfaces, la mécanisation n'étant pas possible. Je suis cotisant solidaire. Donc sachez-le : quand vous achetez des fruits et légumes agroécologiques, votre maraîcher est contraint à la CMU comme un clochard. Il n'aura pas de retraite si ce n'est le minimum légal.

Pourquoi de telles injustices ? Pourquoi cette paupérisation agricole décidée par nos élus ? Leur argumentation est limpide : imprégnés de l'idéologie libérale, ils ont décidé d'en finir avec les agriculteurs qui ne génèrent pas un gros chiffre d'affaires. Les chambres d'agriculture ont pendant des décennies relayé leur message : l'agriculteur doit devenir un industriel, produisant en masse, vendant ses produits à la bourse. Les élus, ne pouvant faire de loi interdisant expressément les agriculteurs faiblement mécanisés et avec un petit chiffre d'affaires, ont expliqué avec démagogie que la sécurité sociale différenciée est une mesure pour aider à la création d'entreprises agricoles…

Aujourd'hui, il est impossible pour un agriculteur de cotiser proportionnellement à ses bénéfices. Ainsi, bien des petits agriculteurs ont dû cesser leur activité après une année de mauvaise récolte à cause de laquelle ils n'auront pas fait de bénéfice. La MSA leur prend de force la cotisation annuelle, vidant leur compte bancaire, ne laissant plus d'argent pour les salaires et pour les remboursements. S'ensuivent licenciement et faillite. Voire suicide. Ainsi un horticulteur à qui j'avais acheté mes pieds de rhubarbe, que je connaissais parce que ma grand-mère allait y acheter ses fleurs, et parce qu'il vendait sur les mêmes marchés que moi, s'est suicidé ce mois d'août 2017. Il s'est suicidé pour des fleurs ! Voilà où nous en sommes. Merci la MSA. S'il avait pu cotiser proportionnellement à ses bénéfices, je pense qu'il n'aurait pas envisagé cette issue. Comme les agriculteurs, il avait dû emprunter pour acquérir du matériel afin de pouvoir travailler. Simplement afin de pouvoir travailler. Hélas, en acquérant ce matériel, il est rentré dans une spirale vicieuse, qui commande de vendre toujours plus pour rembourser les dettes. Les dettes plus les 4000 € de MSA (au bas mot, car les cotisations sont par la suite ajustées selon le chiffre d'affaires !), plus les aléas de la vente. La mission de la sécurité sociale n'est-elle pas d'abord d'aider à préserver la vie ? À protéger la vie ? Si au contraire elle cause des problèmes, si elle décourage de travailler, si elle est la goutte d'eau qui fait déborder le vase, je pense qu'elle échoue dans sa mission sociale.

Et le salaire horaire ?

Je travaille environ 1000 heures par an dans mon jardin, de mai à septembre, pour un bénéfice net d'environ 3000 €. Soit 3 € de l'heure. Un ouvrier, un balayeur, une femme de ménage, un standardiste, un chauffeur, etc. gagnent au moins le double. Vous vous doutez bien que lorsque des personnes s'intéressent à l'agroécologie pour en faire leur métier et qu'elles apprennent mon revenu, cela les fait fuir. Grâce à mon article sur le site internet formationbio.com, site de l'organisme où j'ai fait ma formation de maraîchage bio, des jeunes me contactent. Ils veulent en savoir plus sur l'agroécologie. Et ils sont très contents de ce que je leur dis. Mais quand j'en viens à parler rémunération, c'est le silence. « Ah bon ? Si peu ? ».

Aujourd'hui, paradoxalement, je suis tout à fait convaincu de la durabilité et de l'efficacité de l'agroécologie, mais en même temps je vois que peu de personnes sont prêtes à la mettre en pratique. L'agroécologie a un coût social élevé : elle implique de vivre autrement, de vivre sur le mode « décroissant ». Et si le mouvement social de la décroissance est bien connu aujourd'hui, bien médiatisé, le nombre de personnes qui s'y inscrivent véritablement est très faible. Qui est prêt à renoncer à la télévision, à internet, à internet mobile, à l'eau courante, au chauffage au fuel ou au gaz ? Peu de monde. L'agroécologie ne permet pas de vivre dans le confort, c'est indiscutable.

Je compare la rémunération agroécologique à la rémunération au SMIC, rémunération qui est fixée par et pour l'industrie. Or l'agroécologie et l'industrie sont incommensurables. Dans tous les métiers plus ou moins liés à une forme d'industrie ou une autre, 95 % de l'effort physique de travail est effectué par des machines. En agroécologie les machines font 5 % du travail. Pour payer une personne 6 € net de l'heure, soit 12 € brut de l'heure, aujourd'hui en 2017 en France, il faut un contexte de production hautement mécanisé : machines pour convoyer, pour stocker, pour ranger, pour répartir, pour assembler, pour transformer, pour transporter… Et des machines les plus récentes, évidemment : en 2017 aucune industrie n'utilisent des machines datant de 1967. Au contexte de production s'ajoutent des impératifs de vente : faire des économies d'échelle en vendant un maximum de produits. C'est uniquement lorsque ces conditions de production mécanisée et de vente en abondance sont réunies qu'un employeur se dit « voilà, dans ces conditions je peux payer une personne 6 € de l'heure ».

Cela ne fait pas de sens d'exiger un salaire-horaire industriel pour une activité agroécologique. C'est impossible. À mois d'augmenter considérablement les prix de vente. Dans mon cas, je devrais les multiplier par trois. Mais qui achèterait des haricots à 12 €/kg, des tomates à 9 €/kg, des courges à 7 €/kg ? Vous, cher lecteur ? Je ne crois pas.

Il faut faire savoir cette incommensurabilité. Même si pour l'instant il n'y a pas de solution pour remédier au faible revenu de l'agroécologie. Cette incommensurabilité nous invite à repenser notre société, car elle n'est plus unie. Elle est scindée. Nos lois économiques ne conviennent plus à l'agriculture. Or nous ne pouvons pas abandonner l'agriculture. Réagissons ! Depuis l'an 2000, la production de fruits et légumes en France a chuté de 25 %. Les deux tiers des fraises mangées en France proviennent d'Espagne. C'est là une évolution vers la fin de l'agriculture française.

Il faut vous agrandir

Voilà ce qu'on me propose : de m'agrandir. D'augmenter mes surfaces de culture, afin de vendre plus chaque semaine, et de vendre chaque semaine de l'année. Actuellement, je vends de juin à la mi-octobre, sur le marché de Carentan une fois par semaine et sur place (« à la ferme ») une fois par semaine aussi.

Augmenter ma production me permettrait-il de mieux vivre ? C'est-à-dire de faire plus que mes 4000 € actuels de chiffre d'affaires, soit environ 3000 € nets ? Calculons.

Si je voulais gagner ma vie comme un balayeur payé au SMIC, il faudrait donc faire 12 000 € nets de revenus, auxquels il faut ajouter 4000 € de cotisations sociales et 1000 € de frais, soit 17 000 € de CA. Je devrais donc environ quadrupler mon CA actuel, donc quadrupler ma production. Il me faudrait quadrupler mes surfaces cultivées.

Aurai-je le temps nécessaire pour m'occuper correctement de ces surfaces cultivées ? Je n'ai pas besoin d'aller jusque-là : aurai-je seulement le temps, à moi tout seul, de récolter une production quadruplée ? Actuellement je passe environ 12 heures par semaine à récolter (dont 9 heures pour les haricots, à partir de la mi-juillet). Or si je dois passer 48 heures par semaine à récolter, ce qui physiquement serait très difficile pour le dos et les jambes, je n'aurai plus de temps pour la vente !

Il faudrait alors que je mécanise mes récoltes. Prenons le cas des haricots : il faudrait que j'investisse dans une machine à récolter les haricots. Combien coûte une telle machine ? Les variétés adaptées à la récolte mécanique sont-elles aussi productives que les autres ?

Je devrais aussi abandonner la vente directe : actuellement j'y consacre neuf heures par semaine. Quadrupler le temps de vente impliquerait de faire un marché chaque jour de la semaine. Impossible ! Il faudrait alors que j'embauche un salarié. Mais alors il faut le payer : cela coûte 24 000 € par an, cotisations sociales incluses. Plus les dettes à rembourser pour les machines à récolter. Plus la baisse inévitable de mes prix de vente, car plus on produit des quantités importantes plus les clients exigent des prix bas.

Ce serait l'amorce d'une spirale vicieuse. Fini le paillage, fini le compostage, fini tout ce qui requiert du travail manuel. Je devrais mécaniser au maximum et choisir des variétés très productives – donc des variétés hybrides. Et je devrais utiliser des engrais minéraux.

Non : de cette évolution économique je ne veux pas. Je n'en vois pas l'issue. C'est un pari que beaucoup d'entrepreneurs prendraient, mais pas moi. Ce genre de pari ne peut être gagné que par les économies d'échelle, par la vente en masse, bref en devenant un exploitant agricole industriel.

Vous ne faites travailler personne

En restant « petit », en restant au maximum autonome, certes je ne fais travailler aucun producteur de machine agricole, aucun transporteur, aucun centre logistique, aucun revendeur… Et alors ? Toutes ces professions ne sont pas obligatoires. Les politiciens aiment dire, en versant une petite larme, qu'un agriculteur fait vivre 25 personnes (dans la filière, au village, etc.) Et qu'un agriculteur qui cesse son activité, c'est terrible pour la vie locale. Mais trouvez-vous normal que l'agriculteur soit celui qui soit le moins rémunéré, si c'est lui le plus important ? C'est comme dans l'édition : c'est l'auteur qui est le moins rémunéré d'entre l'éditeur, les transporteurs, les centrales, les libraires. Or sans lui tous ces gens bien payés peuvent mettre la clé sous la porte.

C'est le problème banal du revendeur qui veut gagner plus d'argent que le producteur. Moi je n'aime pas les revendeurs, qui ne font pas grand effort physique, ou intellectuel, comparé à ce que le producteur doit faire, et qui veulent quand même gagner plus d'argent que le producteur. Le seul travail des revendeurs, c'est de parler. Bel effort qui n#en est pas un ! Typique de notre société fainéante.

Les agriculteurs étant à la base de la société, il serait normal qu'ils soient les plus riches. Plus riches que les banquiers notamment. Le secteur primaire devrait être mieux rémunéré que le secteur tertiaire, car le primaire est plus important que le tertiaire. Est-ce normal qu'un coiffeur fasse 60 € de chiffre d'affaires par heure de travail, quand moi maraîcher je n'en fais que 4 ?

Je suis convaincu que l'échelle des rémunérations de notre société est malsaine. Qu'elle ne peut pas durer longtemps ainsi. L'agroécologie aura toute sa place dans une société post-capitaliste, post-libérale.

Revenir à la terre, malgré tout

Malgré des lois décourageantes et humiliantes – à quoi s'ajoutent les difficultés d'accéder au foncier agricole, parce que les agriculteurs industrialisés font tout leur possible pour entraver l'installation de « petits » agriculteurs via la SAFER, nous sommes de nombreux maraîchers à vouloir cultiver de façon agroécologique. À vouloir mettre en valeur la terre dans le respect des lois de la Nature. Nous ne reconnaissons aucune légitimité aux élus qui prétendent fixer un seuil de « viabilité » économique en dessous duquel il serait interdit de cotiser pour la santé, la retraite et la famille.

Pourquoi cette volonté de « revenir à la terre », me demanderez-vous ? Ayant grandi et appris à travailler à l'étranger, je suis revenu en France en 2012 pour renouer avec mes « ancêtres », avec la campagne fruit de leur travail, avec ce pays que je connais mal bien que j'y sois né. J'ai quitté l'Allemagne, car dans ce pays voisin l'artisanat n'existe presque plus (selon moi). Toute entreprise est au niveau industriel, bouchers et boulangers sont oubliés, les authentiques artisans sont méprisés parce que ne produisant que pour une élite fortunée. La pensée industrielle usine + filiales de vente est reine. C'est ainsi. J'ai moi-même participé, avec enthousiasme, à cette productivité industrielle mondialement acclamée. Puis je m'en suis lassé, peu attiré par la perspective de faire carrière pour finir dans un bureau. Je voulais aussi plus de liberté, être mon propre chef.

À mon retour en France, on m'avait prévenu des difficultés auxquelles sont confrontés les entrepreneurs. Sur le moment, je n'avais pas compris que ces difficultés étaient créées par l'administration et par les lois ! Je n'imaginais pas une telle ineptie : une administration qui bride plutôt qu'elle n'incite !

Propositions

Et aujourd'hui, je me pose cette question : Comment améliorer cette situation agricole lamentable, indigne d'un pays humaniste ? Je vois trois alternatives :

- Instaurer le droit de cotiser en proportion du bénéfice. La proportionnalité est indispensable : l'agriculteur ne peut jamais être certain d'obtenir une récolte, Nature oblige. Un taux de cotisation à 40 % du bénéfice est raisonnable.

- Mettre le marché des produits agricoles sous tutelle, afin que les produits agricoles soient payés au juste prix – et interdire la vente à perte ! Les agriculteurs cotiseront au même taux horaire que les ouvriers et auront un même salaire net de 6 €/heure. Ceci implique, dans mon cas, de tripler mes prix de vente (les tomates passeront à 12,60 €/kg, les salades à 2,10 € pièce). Je suis conscient que cette alternative n'adviendrait pas à moins d'une réorganisation fondamentale de notre société, dont la fermeture des frontières et la déclaration de souveraineté alimentaire.

- Instaurer la cotisation à la MSA au prorata du nombre d'heures travaillées, soit à 2 € de cotisation par heure de travail. Dans mon cas, je cotiserai 2000 € (j'ai choisi de ne pas être agriculteur à temps plein, pour être écrivain les mois d'automne et d'hiver). Ma vie aura certes toujours trois fois moins de valeur que celle d'un ouvrier, mais je n'aurais plus à subir l'humiliante interdiction de cotiser pour mon pays.

Voilà le public ainsi informé. Il ne sert à rien de vouloir une agriculture respectueuse de la Nature, si l'on continue à traiter les agriculteurs comme des sous-êtres humains.

Ne croyez pas les politiciens et les fonctionnaires qui ne jurent que par toujours plus d'industrialisation. Ou les chambres d'agriculture qui ne jurent que par la compétition et la concurrence. Tous veulent éduquer l'agriculteur à ce langage, mais l'artisanat agricole est un droit ! Le droit de toucher la terre, de toucher les plantes, de toucher les graines, de récolter manuellement. Dans l'industrie, tous ces gestes sensibles sont bannis pour cause de « faible rentabilité ». On veut bannir l'humanité de ce métier fondamental. N'acceptons pas cela !

Lettre au président

Monsieur le Président de la République
Palais de l'Élysée
55 rue du Faubourg Saint-Honoré
75 008 Paris

Saint Jean de Daye, le 18/05/17

Cher Mr Macron,

Je souhaite ici vous présenter, en tant que maraîcher, en tant qu'écrivain, en tant que citoyen du monde ayant vécu en Nouvelle-Calédonie, à Hong-Kong, à Tahiti, en France et en Allemagne, en tant qu'ex-enseignant en biologie, en tant qu'ex-technicien en laboratoire d'expérimentation animale pour l'évaluation écotoxicologique des pesticides, mon point de vue sur la sécurité sociale en France.

Je suis agriculteur « exploitant solidaire ». Curieuse dénomination pour une curieuse situation : cultivant 500 m² en agroécologie, y consacrant annuellement 1000 heures de travail, la MSA – mutualité sociale agricole – m'interdit de cotiser pour l'assurance maladie, la retraite, la famille. Pour avoir le droit de cotiser, il faut cultiver au moins cinq hectares et/ou travailler plus de 1200 heures par an. Cela m'est impossible : j'ai choisi d'exercer une activité intellectuelle de novembre à avril, en tant qu'écrivain (mon huitième livre est paru en mars de cette année). Et la cotisation à la MSA est fixe, de 4000 €/an, ne dépendant ni du bénéfice ni du temps de travail. De même pour mes revenus d'écrivain : l'URSSAF m'interdit de cotiser, la cotisation annuelle minimale étant de 4700 €/an – soit environ dix fois plus que mes revenus d'auteur.

Comparons avec le régime général de sécurité sociale. Un employé au SMIC cotise 6 € par heure de travail. Mais un agriculteur qui travaille 60 heures par semaine, prend deux semaines de vacance par an, cotise 1,33 € par heure. La vie d'un agriculteur, au regard de notre république, vaut donc actuellement 4,51 fois moins que celle d'un employé (de commerce ou d'industrie par exemple). Voilà une invraisemblable inégalité pour notre république, dont vous connaissez comme moi la devise.

Quel système de cotisation est le plus juste au regard des droits de l'Homme ? Celui – l'actuel – qui oblige les entrepreneurs à acheter leur sécurité sociale, quels que soient leurs bénéfices ? Celui qui imposerait, à tous, une cotisation identique pour chaque heure de travail ? Celui qui imposerait une cotisation proportionnelle aux bénéfices de l'entreprise ? La seconde proposition paraît être la plus égalitariste. Mais son défaut réside en ceci : comment décider du taux de cotisation horaire ? Une telle décision implique, inévitablement, de décider d'un seuil à partir duquel une entreprise est jugée rentable ou pas, est autorisée à exister ou pas. Ainsi, sur la base des taux actuels de cotisation, faudrait-il choisir pour tout le monde une cotisation au taux de la MSA (1,33 € par heure) ou au taux du régime général (6 € par heure) ? Dans mon cas, cela me pousserait à tripler mes prix de vente. La part de l'alimentaire dans le budget des ménages augmenterait considérablement – ce qui, par ailleurs, montre combien l'actuelle agriculture française ne tient que parce que les agriculteurs renoncent à leurs droits à la sécurité sociale. Un tel système de cotisation entraînerait inévitablement le déclin des activités réalisant peu de bénéfice par heure de travail – c'est-à-dire toutes les activités manuelles. C'est l'évolution nécessaire de l'économie, me répondrez-vous. Ayant vécu en Allemagne, je vous rapporte qu'outre-Rhin les artisans indépendants ont effectivement disparus. Plus de bouchers, de boulangers, de coiffeurs, de serruriers, d'électriciens, de plombiers indépendants. Franchises et grandes entreprises ont pris leur place. Tous ces métiers sont désormais salariés, et optimisés selon la pensée industrielle. C'est-à-dire notamment une spécialisation des tâches. Bref, en Allemagne il n'y a plus d'espace vital pour les personnes qui veulent proposer une production manuelle à des prix abordables et qui veulent faire un métier diversifié, avec à la fois de la production et de la vente. Revenons aux droits de l'Homme : n'est-ce pas un droit essentiel que de choisir comment on veut travailler ? Le libéralisme économique bafoue les droits de l'Homme en ce sens qu'il oblige à la mécanisation. Et si l'on y adjoint un taux arbitraire de cotisation pour la sécurité sociale, on contraint les citoyens à ne plus exercer certains métiers qui ne génèrent pas « assez » de bénéfices. On en arrive à la très paradoxale situation – et c'est déjà le cas en France et en Allemagne –, où l'administration décide de fermer des entreprises parce qu'elles n'arrivent pas à payer leurs cotisations. Ces cotisations servant pour les soins de santé et pour la retraite – soins à haute valeur humaniste -, c'est comme si l'administration (l'URSSAF, le RSI, la MSA et autres caisses) disait à l'entrepreneur « On ferme votre entreprise pour votre propre bien ». La première cause de cessation d'activité en France, on la doit au système de cotisation à la sécurité sociale, ce qui est un comble.

Vous aurez compris que je privilégie la troisième voie : des cotisations proportionnelles aux bénéfices de l'entreprise. Disons, spontanément, 30 %. Quel que soit le bénéfice, quel que soit le nombre d'employés. Cela vaudrait pour tout le monde, pour toute forme d'activité (industrielle fortement mécanisée ou manuelle), donc ce serait conforme aux droits de l'Homme. Et ajoutez-y 10 ou 15 % d'impôts, et supprimez toute autre forme d'impôt, dans la foulée !

Je comprends que vous désiriez opter pour la seconde voie. Ce serait déjà une évolution, ce qui en soi est remarquable pour la France. Mais je crains que vous ne fassiez ainsi basculer la France dans le culte de la machine, comme en Allemagne. Je vous demande, à défaut, de ne pas prolonger l'actuel système de cotisation dans ce qu'il a de plus pernicieux, qui est la cotisation par montant annuel fixe, comme c'est le cas à la MSA. Dans mon cas, on me traite souvent de « profiteur du système » et de fainéant. Et je me sens comme un objecteur de conscience, car effectivement je ne souhaite pas gagner beaucoup d'argent, je souhaite faire des produits de qualité que la majorité puisse acheter et pas seulement les médecins, les avocats et les banquiers, je souhaite travailler manuellement car c'est épanouissant, et je souhaite avoir aussi une activité intellectuelle car je ne peux pas, émotionnellement, me spécialiser dans l'une ou l'autre. J'ai quitté l'Allemagne pour venir en France, parce que je sais qu'outre-Rhin mes aspirations seraient vaines (l'Allemand ne jure que par la machine et l'industrie), et je veux croire qu'en France elles ne le sont pas. Je crois la France, les Français, capables de faire coexister la main et la machine. C'est notre héritage philosophique : nous ne pouvons pas choisir ou l'une ou l'autre de ces voies, car intellectuellement ce serait une décision trop faible, trop peu méritante, sans défi. La France ne mérite pas de céder entièrement au libéralisme et au culte de la machine. Elle n'y est pas obligée.

Très respectueusement,

Benoît R. Sorel

Les devoirs de l'agriculteur

Quels sont les devoirs de l'agriculteur ?
Nourrir la population et maintenir ses terres fertiles.
Ni plus, ni moins.
C'est cela la base de notre société.
La population achète ses aliments à l'agriculteur.
Si l'agriculteur vend cher, il ne nourrit
que quelques personnes.
Si ses prix sont très bas, il vit dans la misère.
« L'offre et la demande ; ce qui est rare est cher. Telle est la loi du marché, que l'agriculteur doit respecter ».
Production importante donc prix bas. Production réduite
donc prix élevés.
Voilà notre paradigme économique présent.

Mais les années se suivent et ne se ressemblent pas.
Une année à la météo capricieuse entraîne la baisse
des récoltes.
La loi du marché ! L'agriculteur vend cher ses produits.
Peu de produits à prix élevés : voilà la population affamée en plus
d'être ruinée !
Pour éviter que cela n'arrive, l'agriculteur diversifie
ses cultures.
Mais, paradigme présent : « il faut peu d'agriculteurs et ils doivent
être spécialisés ».
Voilà notre sécurité alimentaire en danger !

Pourquoi les terres sont-elles épuisées ?
Pourquoi faut-il des pesticides et des engrais ?
L'agriculteur veut nourrir le monde – il a trop grand cœur.

Avec un hectare il veut nourrir cent personnes :
cinquante français et cinquante personnes
dans des pays éloignés.
La terre est vidée en une année.
Labourons, pulvérisons, engraissons : que de travail.
Et pour un salaire de misère – quand banquiers, machinistes et
chimistes s'enrichissent.
Pourquoi vouloir nourrir le monde ?
Parce que partout dans le monde, hors des pays « riches », les
agriculteurs sont expropriés et humiliés.
Il leur est interdit de nourrir leur pays, de nourrir leurs amis.
Et aux agriculteurs d'ici aussi, qui doivent exporter
pour toucher la prime.
Il n'y a plus de pays ; le marché est global ; le lait de Normandie doit
remplir le ventre des Chinois !
Paradigme.

L'agriculteur – le jardinier – agroécologique met le paradigme sous
le paillasson !
Souveraineté alimentaire, production locale
pour la population locale.
Production diversifiée, sans utiliser d'engrais.
La terre n'est pas vidée pour qu'elle puisse se régénérer sous un
couvert épais.
Prix justes, quantités limitées : la population ne mange pas n'importe
quoi et n'importe comment et ne fait pas mille enfants.
Le client n'est plus le roi, le banquier n'est plus le marabout.
Ni travail mécanique ni mesure chimique,
le jardinier jauge sa terre et ses besoins en utilisant son nez, ses yeux
et ses mains.
Il ne délègue pas sa responsabilité,
qu'il base dans sa sensibilité.
Son salaire est modeste, mais son savoir est grand.

Il ne court pas après l'or ; son objectif est de faire grandir
les plantes et les Hommes.
Ne le moquez pas, vous qui êtes malades
de ne pas savoir manger,
cancers et intestins gangrenés.
Vous aussi mettez le paradigme sous le paillasson,
ne soyez plus con-sommateur mais consomm'acteur.
Seul, le jardinier ne peut rien changer. Faîtes votre part, comme lui,
comme tout un chacun.
Publicités qui hurlent que moins cher est meilleur,
que plus est mieux :
fermez les robinets de ces paroles paradigmatiques et hypnotiques.
Pensez par vous-même, ressentez par vous-même.
Bien plus que des clones, l'agriculteur agroécologique aime nourrir
des gens uniques !

L'agroécologie : une agriculture des sens

Terre

Palper la terre, en prendre une poignée, la soupeser, estimer sa teneur en eau, son aération, juger sa couleur. Faire cela au printemps, en été, en automne, en hiver. Estimer les différences. Décider que c'est une bonne terre ou décider qu'elle a besoin de plus de compost, de plus d'engrais vert, de plus de paillage.

En fonction des cultures et des saisons décider entre sol à nu, sol mulché, sol paillé, sol travaillé, sol non travaillé, sol bâché. Décider de la quantité de mulch à épandre, de l'épaisseur du paillage à étaler, de la quantité de compost et de cendre à ajouter. Légèreté du compost trop sec et trop mûr, lourdeur du compost mouillé et trop jeune.

Graines

Mesurer les mètres linéaires à ensemencer. Peser la quantité adéquate de graines, les tenir dans le creux de la main, les observer avec attention : les rondes et les anguleuses, les claires et les sombres, les lisses et les ridées, les grosses et les petites, les lourdes et les légères. Les abîmées, les desséchées, les vides, les cassées. Les belles. Décider de celles qui n'iront pas en terre. Mettre les élues dans le semoir, aller sur la parcelle. Dans le sillon faire tomber les graines doucement, en marchant à vitesse constante pour qu'elles se répartissent de façon homogène, évitant le trou dans l'allée qui fait basculer le pied, compensant le vent en rafales qui pousse les graines hors du sillon, gardant les yeux rivés au sol. À la main ou au râteau, recouvrir les graines avec juste ce qu'il faut de terre, arroser, ni trop ni trop peu, décider s'il y a lieu de mettre une protection contre les oiseaux, décider de mettre un voile de forçage sur la terre pour hâter la levée ou non. Contempler le travail effectué, être soi-même seul juge de la qualité du travail. Attendre.

Eau

Arroser quand il faut – deviner les besoins en eau des cultures, prévoir combien de jours ou combien d'heures elles peuvent tenir sans arrosage.

Eau de pluie, limpide, pour les semis. Eau de la mare, verte et lourde, pour les plants bien démarrés.

Quand les graines sont dans le sillon, arroser une fois, recouvrir de terre et arroser à nouveau, pour que les graines se gorgent mieux d'eau et germent plus vite.

Les premiers jours, arroser les semis modérément, pour ne pas tasser le terreau. Ensuite arroser plus, selon la température, selon le vent, selon que soleil brille avec ardeur ou que le ciel est voilé. Jours froids de pluie ou de ciel couvert : décider s'il faut arroser.

Faire des purins d'ortie et de consoude avec l'eau de pluie. Arroser à 10 % de purin les sols paillés, « bouillon de culture » qui va accélérer la décomposition du paillage et ainsi nourrir le sol et les plantes.

L'automne amène la pluie, parfois trop, parfois pas assez. Décider s'il faut continuer à arroser, parfois jusqu'à la mi-novembre.

Récolte

Observer la taille du légume à récolter ; sa couleur, intense, faible, homogène, contrastée ; estimer son poids, sa teneur en eau ; cueillir d'un geste sûr, sans abîmer la plante ou le fruit ; couper au bon endroit, ni trop haut ni trop bas. L'air est-il sec ? Il faut stocker rapidement à l'ombre. L'air est-il trop humide ? Il faut repousser la récolte à des jours ensoleillés. Ces fruits peuvent-ils tenir encore un jour ou deux sur le plant ou faut-il avancer la récolte ? La gousse crisse-t-elle sous l'oreille, signe qu'elle peut être cueillie ?

Sens et mémoire

Le métier de jardinier agroécologiste exige de prendre des décisions sur la base de ce que nous transmettent nos cinq sens et en tenant compte de la mémoire des années passées. Toucher, sentir, goûter, écouter, voir et se rappeler : de la sensibilité est requise dans chacune des actions au jardin.

Cette évidence de travailler en utilisant nos sens, aujourd'hui, n'en est plus une. Les variétés cultivées sont optimisées pour être semées, plantées, arrosées et récoltées par des machines. Radis et haricots par exemple : déjà plus aucune main humaine ne touche les graines, le sol où elles seront semées et le légume bon à récolter.

Est-ce une mauvaise chose ? me demanderez-vous. Blé, maïs, pomme de terre, poireaux, etc. sont depuis longtemps exclusivement semés ou plantés et récoltés par des machines. En quoi le mouvement effectué par une machine réduirait-il la qualité du légume ? La machine certes remplace le geste humain qui, trop répétitif, devient laborieux. Et on imagine facilement plusieurs autres raisons, en premier lieu économiques, qui justifient la mécanisation maximale.

La main et la machine

À part la crise pétrolière finale qui rendra toutes les machines inutilisables, je ne vois pas comment ni pourquoi la mécanisation en agriculture irait se réduisant. Par contre, cette évolution inaltérable n'implique pas que l'agriculture manuelle disparaisse. Si certains agriculteurs sont heureux en actionnant une machine, d'autres ont le droit d'être heureux en utilisant leurs cinq sens pour cultiver. C'est leur droit – c'est un droit de l'Homme.

Un des intérêts de la mécanisation est de réduire autant que possible la main-d'œuvre. Cela engendre du chômage de masse. Donc pour qu'un maximum de personnes puisse travailler dans l'agriculture, et s'y épanouir, il faut remettre à l'honneur le travail manuel maraîcher, avec tout ce qu'il comporte de sensibilité et de réflexion, ainsi que de dextérité. Les gestes du maraîcher-jardinier agroécologiste valent en souplesse, en précision, en intelligence et en endurance, les gestes des sportifs de haut niveau.

Il n'y a pas à choisir entre les machines et le travail manuel. La fierté d'inventer des machines efficaces et intelligentes ne fait de sens que si, à côté et en même quantité, nous avons la fierté de notre humanité biologique, psychologique et sociale, qui prend forme via le travail de nos mains.

S'épanouir au travail

L'agroécologie est une agriculture artisanale : volontairement peu mécanisée, donc manuelle.

On sait tous, aujourd'hui dans notre société industrielle mécanisée à outrance, que le prix de la main-d'œuvre est élevé. Au point de réserver les produits d'un travail manuel aux seules classes les plus aisées de la société. Un coiffeur exige 60 euros par heure de travail, de même un mécanicien, un plombier, etc.

Comme écrit précédemment, si j'exigeais une rémunération équivalente à celle d'un balayeur en entreprise, il me faudrait multiplier mes prix de vente par quatre. Seuls les notables pourraient se les acheter, et comme je n'ai pas de notables parmi mes clients …

Ferait-on le reproche à l'agroécologie de ne pas être rentable à cause d'une part excessive de travail manuel ? Il faudrait alors répondre que c'est notre société toute entière qui renie le travail manuel, et que cela la déshumanise. Que cela la met sur la voie du déclin, de la décadence.

Renier l'usage de la main, c'est mettre le pied dans la tombe. Pourquoi ? Eh bien, pourquoi êtes-vous ici sur Terre ? Est-ce pour vivre en ville ou en banlieue, coupé de tout lien avec la Nature, afin de passer votre temps à impressionner vos semblables ? À vouloir les influencer, les contrôler ? À vouloir passer pour « meilleur » ? On utilise pudiquement les notions de « statut social », d' « élévation du statut social », d' « agent », de technicien « qualifié », de « cadre », de « cadre supérieur », etc. Interdisez l'usage de ces notions et plus personne ne voudra effectuer ces métiers. Sans le prestige social associé aux métiers urbains, les villes et les banlieues se dépeupleraient. Car on ne cherche pas juste un travail : on cherche à « s'élever » socialement. Sans ce désir, finie la société de consommation !

Donc vous pensez que s'inscrire dans la hiérarchie sociale est ce qui confère un sens à votre vie sur Terre et vous avez donc décidé de faire carrière, de gravir les échelons, d'être promu, etc. C'est votre choix. Moi – vous l'aurez compris – je n'accorde pas de crédit à la hiérarchie sociale. Cette hiérarchie est de l'ordre de la croyance, et je n'y crois pas. Je crois en l'humanisme : ne pas tuer, ne pas faire souffrir et respecter la Nature. Je crois dans l'importance capitale du *vivre avec* la nature. Je ne suis pas chrétien, mais je pense que nous sommes ici sur Terre pour nous occuper de la nature. Et le résultat de cette cohabitation doit être harmonieux. Allez vous promener dans les villages de campagne, et constatez combien la nature est malmenée. Les haies et les talus ne sont pas bien entretenus, les jardins et les cours sont « traités » aux herbicides, les arbres ne sont pas élagués selon les règles de l'art (selon l'essence et selon l'usage qu'il est fait de la terre en dessous et à proximité du houppier). Autour des villages, les champs jaunissent au printemps par l'action des herbicides qu'on y répand avant les travaux du sol. Tout cela est moche, tout cela est disharmonieux. Et tout cela s'explique simplement : la nature est entretenue au plus vite, avec le minimum de moyens, car plus personne ne veut vivre à la campagne pour s'occuper de la nature. *Une belle campagne, c'est une personne par hectare pour s'en occuper !*

Les anciens faisaient tous les efforts nécessaires pour s'occuper correctement du sol et des plantes, pour enrichir le sol, quitte à s'user la santé. L'Homme témoignait du respect envers la nature en faisant des efforts pour elle. Avec la révolution verte, la devise a changé du tout au tout : il fallait désormais améliorer les sols en faisant le moins d'effort possible. Pouvait-on encore respecter le sol et les plantes avec une telle devise ? Je pense que non. L'Agriculture conventionnelle est toujours dans cet état d'esprit.

C'est avec une campagne peuplée que notre société devrait renouer, si elle veut vraiment respecter la nature. 70 millions d'habitants en France dont 60 millions dans les villes : ce sont 85 % de la population qui est coupée de la nature et donc ne peut pas trouver pas de sens à sa vie. Qui fulmine dans le consumérisme, dans les achats compulsifs, dans la violence à la télé, dans les jeux vidéo et sur internet. Et toute cette population désorientée cherche un substitut de sens dans la hiérarchie sociale. D'où : carrière, concurrence, compétition[1], hiérarchie et spécialisation au travail…

Je crois aussi à notre âme d'explorateur. L'être humain est un explorateur, un observateur, un découvreur, un inventeur. Travailler dans un jardin que l'on veut à la fois beau et productif, cela stimule les sens. Chaque jour, ou chaque semaine, ou chaque saison, ou chaque année, le jardin vous fait ressentir quelque chose de nouveau : sons, odeurs, textures, couleurs, goûts. Ces nouveautés *nous font du bien*. Ces expériences nouvelles nous amènent à la réflexion : « et si je faisais ceci différemment, ou cela de telle ou telle autre façon » ? Nous découvrons, nous imaginons, nous créons.

Qu'est-ce donc qui donne un sens à notre petite vie humaine ? C'est tout simplement d'utiliser ce que la nature nous a donné : utiliser notre cerveau, notre sensibilité et nos émotions. Nous sommes une tête, des mains, un cœur. Utilisons-les, et cela suffira pour nous combler. Ressentons via nos cinq sens. C'est cela l'épanouissement. La

---

[1] Enfant, on vous dit qu'il est plus important de participer à une compétition que de la gagner. En effet, derrière un message aimant ce cache un message machiavélique : qu'importe que tu gagnes la compétition ou la perdes, l'important est que tu y participes pour que tu t'habitues à respecter les règles *comme tout le monde*. La société qui promet de faire des vainqueurs fait d'abord des individus tous identiques, tous moulés dans le même moule. Ouvrir les yeux est parfois douloureux…

main ne doit pas être méprisée au profit de la tête ou du cœur – la vraie sagesse est de les utiliser tous ensemble. L'agroécologie permet la vraie sagesse.

Mais faites toute la journée le même geste, appuyez toute la journée sur le même bouton, bref faites toujours la même tache parce que vous êtes un travailleur spécialisé, et votre vie devient fade. Elle devient insensée et vous vous vautrez dans les loisirs pour compenser.

Nous avons la nature pour origine et l'infini pour horizon. Quand nous oublions cela, à l'ombre des immeubles des villes ou des usines des banlieues, alors nous oublions notre humanité.

Le rapport au client

Je produis et je vends mes produits directement à mes clients, aussi est-ce pour moi délicat de livrer mon opinion à propos de mes clients. Mais il le faut, car mes produits sont agroécologiques : ils ne peuvent pas correspondre aux attentes de la majorité des clients qui, comme tout le monde, sont formatés par soixante années de grande distribution et de publicité mensongère.

Alors je me lance ! Je constate que certain de mes clients

- n'aiment pas la variété, n'aiment pas l'originalité ;
- désirent des légumes d'une certaine taille ;
- qui ne doivent pas être chers ;
- qui ne doivent pas être abîmés ;
- qui doivent être « beaux » ;
- désirent les mêmes variétés de légume d'un bout à l'autre de l'année ;
- désirent acheter en grande quantité.

L'agroécologie s'accommode plutôt mal avec tous ces désirs. Quelques exemples vécus :

- Mes courges arrivent à la mi-août. Je commence à les vendre : on me dit que c'est trop tôt.
- Je vends des tomates cerises, en attendant que mes grosses tomates arrivent (une variété tardive qui mûrit à partir de la mi-août). À partir de cette date, mes clients n'achètent plus mes tomates-cerise mais uniquement les grosses. Mes tomates-cerise poire, tardives, ne se vendent plus alors qu'elles sont délicieuses à cette date.

- Début juin on me demande des laitues, alors que je ne peux les planter qu'à partir de mai.
- Fin septembre on me demande des haricots et des courgettes, alors que la saison se termine mi-septembre.
- En juillet on me demande des poireaux.
- Alors que mes tomates-cerise commencent tout juste à arriver, une cliente veut m'acheter cinq barquettes sur les huit disponibles. Je ne suis pas un grossiste !
- Alors que mes grosses tomates commencent à arriver, n'ayant qu'un kilo à vendre je décide de ne vendre qu'une livre par personne. Une cliente est gênée de cette restriction.

Avez-vous des haricots verts ? De la salade batavia ? Des tomates rouges ? Des pommes de terre ? Des poireaux ? Alors que des centaines d'espèces sont disponibles à la culture, mes clients ne consomment qu'une petite dizaine d'espèces. Cela a des conséquences sur mon travail : plus de répétitivité dans les tâches, plus de risques lié aux intempéries, moins de rotations possibles, plus de risques lié aux maladies et aux ravageurs. Le nombre d'œuf dans mon panier n'est pas élevé ; or plus il est élevé moins je cours le risque de perdre une part importante de mes revenus.

Pourquoi ce panier relativement simple de légumes consommés ? Je ne saurais l'expliquer tout à fait. L'industrialisation du maraîchage a entraîné une baisse du nombre d'espèces et de variétés, pour se centrer sur les plus productives. D'où moins d'espèces à la vente, et les gens se sont habitués à penser qu'il n'existe que ces espèces qui sont comestibles. La société du fast-food a incité les gens à ne cuisiner que les espèces qui cuisent rapidement et qui se conservent longtemps et facilement. Le mode de vie urbain travail – loisir a incité à manger moins de légumes et plus de viandes, de laitages et de céréales. Ce mode de vie a aussi amené la France culinaire à devenir un pays de mal-bouffe : les gens ont perdu l'habitude de cuisiner. Or bien des légumes nécessitent d'être cuisinés. Notre pays ne s'est pas doté d'une éducation nationale à l'alimentation. On n'apprend pas aux enfants ce qu'est l'aliment : quand le manger, comment le manger, avec quels autres aliments, comment le préparer, quels effets sur la santé possède chaque aliment[2].

Les raisons sont multiples, mais cette situation ne peut pas durer. Ne pas savoir manger, ne pas connaître le rôle des légumes pour la santé, fait de notre pays un pays de malades chroniques. Le japonais Masanobu Fukuoka écrivait que la mal-bouffe fait aussi des gens qui ont peur de la nature, qui sont anxieux. J'ajoute que ne pas savoir manger fait aussi des gens qui ne sont pas intelligents, pas sensibles, pas endurants, pas volontaires, pas courageux, pas forts, pas calmes, pas sereins, pas confiants. Mal manger, c'est mal vivre (et pas seulement mal être).

Nombreux sont mes clients qui sont venus acheter mes produits cultivés sans pesticides et sans engrais chimiques, parce que la maladie les y contraint. Ils ont survécu à un cancer ou à d'autres maladies du système digestif ou auto-immunes, et seule une alimentation naturelle leur donne espoir. Mais tant que nous ne savons pas manger, tant que nous mangeons en entrée des huîtres et en dessert du gâteau au chocolat, alors que mélangés sur une même assiette ces aliments nous feraient vomir, et que nous considérons cela normal, alors le mal être est inévitable. Le manque d'éducation alimentaire à l'alimentation entraîne une sorte de schizophrénie avec d'un côté le constat que nous ne suivons aucune règle pour manger et de l'autre le constat que nous sommes en mauvaise santé. La relation de cause à effet n'est pas acceptée. Pourtant il n'y a qu'une seule vérité : on est

---

2 Pour ma part, je suis les recommandations des ouvrages suivants : Pierre CALOC'H, *Le corps est notre meilleur médecin*, Initiation à la santé, 1975. Herbert SHELTON, *Les combinaisons alimentaires et votre santé. Pour bien digérer, les menus dissociés à portée de tous*, Courrier du livre, 1968.

ce qu'on mange ! Ne vous étonnez pas de ressembler à une pizza congelée si vous mangez chaque semaine des pizzas congelées.

Plus cruel encore que dire que mal manger rend idiot, je dis que si l'on veut bien manger, pour bien vivre, cela oblige à se demander pourquoi on est sur Terre. Pourquoi est-on sur Terre ? Vous ne voulez pas chercher le sens de votre vie sur Terre ? Alors il ne sert à rien de vouloir manger bien pour être en bonne santé. Ce n'est pas important d'être en bonne santé ; malade ou sain, on finit par mourir quand même. La santé ça se mérite. *Sans la volonté de vivre en s'épanouissant, vous n'avez pas besoin d'être en bonne santé*. Pour rester affalé devant la télé, il est inutile de se questionner sur sa diététique. Vous êtes malade ? La publicité et le médecin vous disent d'avaler un médicament. Vous perdez la santé, le médicament vous donne la santé. Point barre[3].

Honnêtement, dans notre société dirigée par l'industrie, je doute que la majorité des employés soient heureux dans leur travail. Et notre société, qui est aussi une société de loisir et de facilité, fait tout pour endormir le sens critique et l'auto-questionnement. Pensez-vous par vous-mêmes ? Vos questions et vos pensées viennent-elles de vous-mêmes ou bien ne faites-vous que répéter ce que vous avez entendu ici ou là ? Avez-vous l'esprit critique et autonome ?

D'où une grande uniformité des façons de penser, des centres d'intérêts et des comportements. Notre société est écrasée par le confor-

---

[3] La biologie de notre corps n'est pas aussi simple. Caloc'h et Shelton nous disent que la maladie est un processus en quatre temps. D'abord l'organe est sain et fonctionnel. Puis il perd de sa sensibilité (à l'alimentation, à l'environnement). Puis il se déforme afin de maintenir ses fonctions. Et enfin il devient inopérant. À ce stade seuls la chirurgie et la chimie médicale peuvent soigner. Avant, il est possible de se soigner par l'alimentation, la phytothérapie et la gymnastique (qui masse les organes et stimule la circulation des fluides).
Manger tous les jours de la mal-bouffe, c'est endommager la sensibilité de notre système digestif, prélude à des maladies gastriques et intestinales qui sont justement très répandues.

misme. D'où vient ce conformisme ? Cela pourrait être le sujet d'un autre livre, mais, très succinctement, il me semble que ce conformisme est entretenu par la *peur*. Notre société industrielle, malgré son exubérance financière et technique, est une société de gens peureux. Tout est lié : le développement de la technique, depuis le Moyen Âge, s'est fait avec l'argument de toujours mieux maîtriser la nature, de toujours moins dépendre d'elle. La puissance technique pour parer à la faiblesse, à la petitesse, du corps humain. Aujourd'hui aucun agriculteur n'oserait désherber à la main. Il en aurait honte. Moi je n'en ai pas honte, de par les fonctions particulières du désherbage agroécologique (la mauvaise herbe est « réutilisée » en tant que paillage ou compostée). Mais désherber à la main, honnêtement, ça ne fait pas sérieux. On ne vous prend pas au sérieux. À la main – même pas avec une binette ! Mes petites mains face à la vigueur incommensurable de la nature. Imaginez mes petites mains, seules, perdues, dans mon grand champ de 5000 m², et qui veulent enlever un à un les brins d'herbe ! Et, souvent, même sans gant ! La modernité nous dit : « Utilisons des *machines*, et utilisons *tous* des machines ». Ce conformisme technique est ce qu'il y a de plus rassurant face à la nature.

Bref, l'argument qu'à l'agroécologie correspond une certaine façon de s'alimenter, n'est pas un argument facile à amener. *Manger agroécologique, c'est choisir de regarder en face notre peur de la nature, de prendre en main notre santé et de se questionner sur le sens de notre vie.* Mais personne n'aime s'entendre dire que depuis dix ans, ou que depuis quarante ans, on se nourrit mal. C'est moralisateur. Mais cette morale est fondée : la santé est affaire de biologie donc d'alimentation. Vous ne mangez pas bien ? Prenez garde, le jardinier agroécologiste viendra vous tirer les oreilles !

Michel Onfray nous dit que nous avons perdu le sentiment du sublime parce que nous ne savons plus être petits dans l'univers.

Nous ne savons plus savourer les phénomènes naturels qui nous font nous sentir petits. Nous en avons peur. Et il nous dit que nous sommes experts en déni. Que nous ne voulons pas vouloir la réalité quand elle nous déplaît. Que nous ne voulons pas l'accepter. La société moderne nous a enlevé une part de notre humanité, et l'agroécologie est en train d'émerger parce que certains d'entre nous, de plus en plus nombreux, ont senti qu'il leur manquait « quelque chose ». Qu'être petit dans la nature, finalement, c'est être humain. Que côtoyer la nature, la manger, c'est être humain.

Cela ne signifie pas qu'il faille renoncer au progrès technique. Mais, et c'est là la thèse que je défends avec force, pour continuer à progresser techniquement nous devons renouer avec notre humanité originelle. Donc avec la Nature. Plus précisément, nous pouvons progresser techniquement à condition de renouer avec la nature. Sans renouer, notre progrès technique sera en même temps notre déconstruction. Nous constatons déjà les ravages sur l'intelligence, sur l'empathie, sur la sensibilité, sur la sociabilité, sur la créativité, sur la vigueur physique, qu'engendrent de trop nombreuses heures quotidiennes passées à manipuler un « smart phone » connecté à internet. Faut-il d'autres preuves ? Moi je n'en ai pas besoin d'autres. Quand l'être humain conformiste, modelé par les publicités et les désirs de retour sur investissements des industriels de la bio-informatique, souhaitera être « comme la machine », alors le point de non-retour sera atteint. La machine n'existe plus dans la Nature ; la notion de Nature ne fait de sens que par rapport à la notion d'Humain. Vouloir être comme une machine, par exemple en se faisant implanter des capteurs pour ondes wi-fi directement dans le cerveau (une des promesses du transhumanisme), est une idiotie quand on ne sait pas ce que nous sommes. Une vache élevée hors-sol toute sa vie durant, se trompe en croyant qu'elle va se rapprocher de sa vraie nature de vache quand le robot de traite lui permettra de se faire traire quand elle le souhaite, à toute heure du jour ou de la nuit. Ces vaches hors-sol et ces robots de traite qui existent déjà, c'est le « trans-bovinisme ». Et le transhumanisme sera la même chose, le même nonsens, si l'on n'y prend garde.

Commencer à moraliser sur les comportements et les désirs des acheteurs – et des vaches ! – nous emmène loin des champs et du jardin. En moralisant, de facto on laisse ouverte l'argumentation en faveur de l'agroécologie : on ne peut pas conclure, on ne peut pas donner un avis définitif. Il n'y a jamais de morale définitive. Cela semble évident, mais c'est aussi un inconvénient face à la stratégie de communication de l'agriculture industrielle. L'agriculture industrielle, elle, est capable d'amener des arguments définitifs. Car elle revendique une rationalité totale. Par définition, l'agroécologie ne prétend pas à une rationalité totale – en autre parce qu'elle se base sur la non-discrimination de Fukuoka. Ce sont donc deux logiques différentes qui s'affrontent – rationalisme définitif versus ouverture d'esprit totale – chacune jugeant de ce qui est bien selon ses propres critères.

C'est à cela que vous devez amener un interlocuteur agro-industriel pugnace : à *l'incommensurabilité* des deux formes d'agriculture. D'où, droits de l'Homme oblige, la liberté d'exercer l'une et l'autre. On en arrive à cet autre thèse qui m'est chère : l'agroécologie est un *droit*. Elle doit pouvoir coexister avec l'agriculture industrielle. Voilà de quoi clore le bec d'un interlocuteur agro-industriel trop sûr de lui.

Hélas, si sur le plan intellectuel, nous avons fait valoir nos droits, concrètement c'est la force qui régit tout. L'agro-industrie va tout faire pour saborder l'agroécologie – elle le fait déjà avec l'agriculture biologique, la grande distribution vendant de plus en plus de bio non par philanthropie, mais parce qu'elle fait des marges plus importantes sur ces produits. Ne soyons pas naïfs ! Dans une économie libérale, c'est la guerre permanente pour le pognon.

Le conformisme industriel est très puissant. Il n'hésite pas à changer d'apparence pour satisfaire à certains désirs de la société civile, mais il ne change *que* d'apparence. Et le tour est joué, c'est aussi simple que ça. Son omniprésence suffit à convaincre la majorité des gens que le changement d'apparence est preuve du changement de fond. Voyez ces produits de la grande distribution qui ont changé la couleur de leur étiquette : elle est devenue verte ! C'est plus écolo le vert ! L'industrie a inscrit dans nos têtes ce message inconscient : que seul un changement de fond important peut générer un changement d'apparence partout. En changeant toutes ses apparences, la grande distribution nous fait donc croire qu'elle a changé fondamentalement. Ce qui est faux, bien sûr.

Notre société, la France, l'Europe, l'Amérique du Nord, n'est pas capable de changer volontairement en transformant toute son agriculture en agroécologie. Elle ne le veut pas : trop de riches patrons, qui murmurent aux oreilles des présidents et des députés, perdraient leur richesse. L'agroécologie, pour qu'elle perdure, devrait peut-être rester une agriculture d'initiés. Pratiquée uniquement par quelques personnes, vendant ses produits uniquement à quelques personnes. Elle est complexe, et ce qui est complexe ne s'enseigne pas à un grand nombre de personnes. Par exemple, mon action de vulgarisation atteint certaines personnes d'un premier cercle autour de moi. Combien d'autres personnes ces personnes vont-elles atteindre ? Avec quelle intensité ? Je crois que si la globalité, la masse, de notre société se redivisait en petites unités, alors l'agroécologie pourrait mieux se répandre. Parce que dans notre société de masse, de grand, de global, seules les choses et les idées les plus simplistes se répandent (et c'est un aspect négatif de la globalisation que bien trop de personne ne voient pas – ne veulent pas voir ?). À ce jeu-là, les productions toujours plus simples, faciles, rapides, de l'industrie, sont gagnantes. C'est ainsi que se fait la globalisation, qui est le phénomène d'homogénéisation et de simplification de tous les peuples de la planète, gommant différences, savoirs spécifiques et traditions de complexité (l'art culinaire de notre belle France par exemple)[4].

Il peut donc sembler pessimiste de dire que l'agroécologie restera affaire d'initiés, et que tout autour les gens continueront à mourir de mal-bouffe industrielle. Mais dans cette époque de globalisation qui simplifie tout, et qui va aller s'accroissant encore, la simple subsistance, la simple continuation d'exister de pratiques agricoles raffinées où l'Homme et la Nature se relient, me semble déjà très méritoire.

Jardiniers agroécologistes : soyons fiers de nos savoirs et de nos techniques, mais ayons conscience de la force des habitudes et du penchant humain pour la simplicité.

---

[4] Vous en doutez ? Voyez internet : ce monde virtuel que l'on voulait être un miroir de la diversité du monde est aux trois-quart constitué par une poignée d'entreprises dont Google, Amazon, Facebook et Twitter. Sur Internet, la diversité des façons de penser que l'on peut trouver est en fait bien plus réduite que dans la réalité. Vous pouvez croire le contraire parce que les moteurs de recherche sur internet vous indiquent une quantité colossale d'informations disponibles. Mais ces entreprises trient l'information de façon pyramidale : de la plus consultée à la moins consultée. Et moins une information est consultée, moins elle apparaît dans les indexations, donc moins elle est consultée et ainsi de suite. C'est comme si vous aviez un dictionnaire dont les premières pages ne contenaient que les mots que vous utilisez le plus. C'est totalement idiot ! Tant de technique informatique pour un telle mise en forme pitoyable des connaissances ! La question que vous vous posez certainement est : pourquoi ? Car soyez-en certains : ces industries du web ont des intérêts, qui ne sont pas du tout philanthropiques, à organiser ainsi l'internet. Votre soumission est leur objectif. Votre soumission via votre conformisme. L'omniprésence des commentaires sur internet est une catastrophe : par exemple un seul commentaire négatif sur un produit, écrit par un idiot, et plus personne ne l'achète ! L'inverse est vrai. Donc pensez par vous-même !

Fukuoka expliqué

De l'importance des définitions

Masanobu Fukuoka, 1913-2008, était un scientifique de formation et fut physiopathologiste du riz avant de devenir agriculteur. Il est considéré comme l'un des fondateurs de la permaculture avec David Mollisson et Bill Holmgren. Sa pensée est également partie intégrante de l'agroécologie. Fukuoka a appelé sa façon de cultiver « l'agriculture sauvage ». En France, elle est appelée plus souvent connue sous le nom d'agriculture naturelle.

En cette année 2017, l'agroécologie, et surtout la permaculture, sont des termes qui se sont répandus dans le langage courant. Termes qui désignent des formes particulières d'agriculture biologique, que seule une poignée d'agriculteurs mettaient en pratique il y a seulement dix années de cela. Cette expansion très rapide dans le langage courant s'accompagne, hélas – nécessairement – de malentendus, d'erreurs, de détournement et de galvaudages de leur définition, parfois involontaires, parfois volontaires.

Ces galvaudages nuisent à la permaculture et à l'agroécologie, au point que certains agriculteurs permaculturels et agroécologistes méconnaissent les fondements de leur discipline et commettent des erreurs agronomiques.

À court terme, ces mauvaises compréhensions amèneront ces agriculteurs à relativiser puis à abandonner les objectifs de qualité des récoltes et de fertilité des terres propres à la permaculture et à l'agroécologie. Ils seront alors descendus aux standards de qualité de l'agriculture biologique labellisée, qui sont inférieurs aux standards fixés par les fondateurs de la permaculture et de l'agroécologie. Ce sera l'avortement précoce de ces deux formes d'agriculture, alors même que les pionniers les ont conçues pour être durables par-delà les modes de la société et de l'économie.

J'invite donc les agriculteurs permaculturels et agroécologistes, ainsi que le grand public, à lire les explications suivantes pour renouer avec la pensée originelle de Masanobu Fukuoka. Conscient que tous n'ont pas le temps ou l'envie de lire son ouvrage-clé, *La révolution d'un seul brin de paille*, Trédaniel, 2009[5], je vous en présente ici une synthèse organisée.

Synthèse de la pensée de Fukuoka

Point de départ

Partons d'une seule question : comment faire évoluer ses pratiques agricoles ? Que ce soit pour résoudre un problème de culture, pour s'adapter à nouvelle demande de la part des clients ou simplement par envie d'innover.

On peut interroger « l'humain » : on va se tourner vers les techniques et méthodes que d'autres personnes ont testées dans d'autres lieux et/ou en d'autres époques. On peut s'inspirer de techniques utilisées dans d'autres domaines. On peut se focaliser sur le matériel, les matériaux constitutifs, leur solidité, leur fiabilité, leur rendement, etc pour modifier, pour optimiser, pour augmenter les outils, les machines, les espaces de culture.

---

5 Première édition au Japon en 1975, soit l'expérience de trente années de mise en pratique par Fukuoka depuis la fin de la guerre.

On peut aussi interroger la nature : on va alors chercher à mieux connaître la biologie de la plante concernée, sa physiologie, son écologie (son écosystème, c'est-à-dire toutes les autres espèces végétales et animales avec lesquelles elle interagit), l'écologie du sol. On se tourne donc vers les connaissances scientifiques.

Les quatre principes de Fukuoka

Se tourner vers l'humain et vers la nature sont les deux voies auxquelles on recourt habituellement afin de faire évoluer sa pratique agricole. Fukuoka en propose une troisième : la voie de la « connaissance non-discriminante ». Cette voie s'effectue via une contemplation quotidienne de la nature, jour après jour, mois après mois, année après année. Il s'agit de contempler la nature, le jardin, le champ, sans recourir à toutes nos catégories mentales, à toutes nos habitudes de penser. En faisant s'évanouir l'idée même d'humain et l'idée même de nature. On accède alors à une vision / réalisation / compréhension / connaissance globale (je ne trouve pas de terme totalement adéquat pour nommer ce genre d'expérience), où nature et humain ne sont plus séparés, et où la nature nous apparaît telle qu'elle est vraiment – telle que nous pouvons la voir une fois que nous sommes débarrassés de tout héritage culturel. Cette connaissance non-discriminante est le premier principe, substantielle, de l'agriculture inventée par Fukuoka.

C'est lors d'une expérience bouleversante qu'il a pris conscience de la nécessité de contempler ainsi la Nature, de la contempler comme si tout notre savoir accumulé depuis que la civilisation existe comptait pour rien. Fukuoka tomba malade alors qu'il travaillait encore en laboratoire. Éprouvé par une pneumonie, il fût admis à l'hôpital. Son état s'améliora et il put sortir. Fukuoka, encore faible, décida de partir se promener dans les collines surplombant la mer. Mais il s'évanouit. À son réveil, il vit un héron prendre son envol et traverser la baie. C'est alors qu'il eut une intuition fulgurante : qu'il ne savait rien ! Que la science, comme la tradition, compartimentent le réel pour l'expliquer. Et plus elles veulent expliquer le réel, plus elles le compartiment : phénomènes, sous-phénomènes, causes premières, causes secondaires, et ainsi de suite. Elles discriminent. Mais se faisant ni l'une ni l'autre ne parviennent plus à saisir la nature dans sa totalité. Telle qu'elle est vraiment. Elles n'en saisissent plus que des petits bouts, qu'il est devenu impossible de rassembler à moins de rassembler tout le savoir traditionnel et tout le savoir universitaire ! Comme un puzzle dont on ne peut plus deviner l'image quand le nombre de pièces devient trop grand.

D'où le principe qui va lui permettre de fonder une nouvelle agriculture : il faut cultiver en utilisant un savoir qui nous vient de l'observation non-discriminante. Par des intuitions directes, dans notre esprit libéré de toutes les catégories mentales, de nouvelles façons de concevoir la plante, le champ, le sol, *tout ensemble à la fois*, surgissent et nous invitent à de nouvelles techniques. L'ensemble de ces techniques forme « l'agriculture sauvage ». Fukuoka, qui est certainement un méditant bouddhiste accompli en plus d'avoir travaillé comme chercheur en agronomie, va s'efforcer de pratiquer quotidiennement la pensée non-discriminante, à partir de 1945 et jusqu'à sa mort en 2009. Durant trente années (1975 est l'année de publication de son livre au Japon), il va tester les techniques que cette compréhension non-discriminante lui inspire[6].

---

6 Il est intéressant de réunir ce qui est épars : Fukuoka et ... Bachelard. Mettons-les face à face. Bachelard nous dit, entre autre, que la méthode scientifique implique de refuser les préjugés, les jugements de valeur et les intuitions rapides. Fukuoka nous dit presque la même chose : la pensée non-discriminante implique de laisser de côté les préjugés qui viennent à la fois de la tradition et de la science. Tout ce qui vient de la tradition comme de la science est pour lui de l'ordre du préjugé. De même, la pensée non-discriminante implique de ne pas utiliser de jugement de valeur – c'est l'ephexis, telle que je la présente dans mon ouvrage *Quand la nuit vient au jardin*. Cela est indissociable de toute pratique de type méditative. Enfin, la pensée non-discriminante n'est pas une intuition rapide : au contraire elle ne peut résulter que d'une pratique répétée jour après jour, année après année. Fukuoka

Ainsi il va comprendre que, pour la nature, l'essentiel est de reconnaître la forme naturelle des plantes. Deuxième principe essentiel. Quelle est cette forme ? Comment se déploie-t-elle au cours d'un cycle naturel de vie ? Questions simples, mais il constate que la science et la tradition ont perdu de vue la forme naturelle des plantes. Ce faisant, les plantes sont faibles, sensibles aux maladies et aux prédateurs, et peu productives. Pour remédier à cela, Fukuoka explique qu'il faut, dans son propre champ, créer les conditions pour que la plante déploie sa forme naturelle.

Troisième principe : une fois comprise la forme naturelle, Fukuoka va comprendre comment chaque plante participe à créer les conditions qui lui sont favorables, à elle-même mais aussi à d'autres plantes, lors de son cycle de vie naturelle. C'est ce qu'on peut appeler « l'écogenèse »[7]. Il détermine quelles plantes peuvent pousser en même temps que le riz et les céréales d'hiver, afin de neutraliser les mauvaises herbes tout en enrichissant le sol. Il détermine que la paille du riz peut servir de couvre-sol pour la céréale d'hiver, et la paille de la céréale pour le riz, sans risquer de maladie pour aucune des deux cultures – alors que la tradition rejetait l'usage de la paille du riz parce qu'elle favorise les maladies du riz si utilisée comme couvre-sol pour du riz.

Pour ce qui est de l'humain, avec la pensée non-discriminante Fukuoka « voit » aussi que la simplicité, le fondamental, ont été perdus de vue par l'agriculture scientifique comme par la tradition agricole. Quatrième principe donc : laisser la plante prendre sa forme naturelle et tirer profit de l'écogenèse des cultures permet d'éliminer de nombreuses tâches agricoles tant traditionnelles que scientifiques

---

et Bachelard ont ceci en commun d'avoir été attirés par le rationalisme *et* par l'intuition / la perception du monde sans recours à l'intellect, deux attitudes que l'on présente pourtant souvent comme étant incompatibles.

7 Que j'ai maladroitement appelée « écogénicité » dans mon *cours théorique*.

modernes. C'est le volet du « non-agir » ; l'agriculture sauvage est également présentée par Fukuoka comme l'agriculture du non-agir. *On crée les conditions pour que la nature travaille à notre place.* Dans le système de Fukuoka, nul besoin de travailler le sol, de l'amender, d'enlever les mauvaises herbes ! Les cultures, les plantes compagnes, la couverture de sol, s'occupent de cela à la place de l'agriculteur. Et il reste à l'agriculteur encore beaucoup à faire : l'agriculture sauvage, donc la permaculture et l'agroécologie, ne sont pas des agricultures pour fainéants !

Connaissance non-discriminante, forme naturelle des plantes, écogenèse, non-agir : voilà les quatre principes essentiels de l'agriculture sauvage.

Retour aux définitions

La permaculture et l'agroécologie par rapport à l'agriculture sauvage

Bill Molisson et David Holmgren fondent la *permaculture* en y ajoutant trois principes : pour chaque culture créer un micro-climat qui lui est favorable (nature du sol, hygrométrie, ensoleillement, vent), faire en sorte que les « déchets » de chaque culture soient utiles pour les autres cultures, et organiser l'espace de production (champ, verger, jardin, atelier, poulailler, maison) en fonction de la quantité de travail nécessaire à chaque micro-climat (ce qui nécessite beaucoup de travail doit être le plus proche de la maison ou de l'atelier). Le leitmotiv de la permaculture est « le tout est plus que la somme des parties ».

L'agroécologie, selon moi, est l'agriculture sauvage complétée par les connaissances écologiques, connaissances qui n'existaient quasiment pas avant les années 1970. Elles me semblent compatibles avec la pensée non-discriminante parce qu'elles sont globales : on prend en compte le champ, le jardin, le verger, dans leur totalité, sans recourir aux connaissances scientifiques pointues pour chacun des éléments qui composent l'agroécosystème. L'écologie est la science des relations.

Galvaudages

Avant de présenter une synthèse de l'expérience accumulée par Fukuoka, je vais préciser en quoi certains permaculteurs et agroécologistes galvaudent leur discipline.

Premier principe. On ne saurait exiger de tous la capacité à observer son champ de façon non-discriminante comme Fukuoka. Mais si l'agriculteur a à cœur de se rapprocher de son champ, de le connaître vraiment, en plus d'en avoir une compréhension écologique il doit apprendre à regarder son champ sans aucune idée en tête. Sans aucune pensée. À la manière d'un animal pourrais-je dire. Notre civilisation occidentale s'est grandement éloignée de cette forme de contemplation, au point que l'observation de la nature sauvage est devenu quasiment impossible. Pensez aux enfants, de France et d'Allemagne par exemple, qui ne voient jamais un arbre avec sa forme naturelle. Dans les haies, dans les forêts, dans les parcs, dans les jardins, les arbres sont toujours taillés d'une façon ou d'une autre, de sorte que les arbres ont la forme de l'idée de l'arbre. Et les enfants en viennent à assimiler l'idée à la réalité. Savez-vous regarder un arbre sans spontanément identifier et délimiter le tronc, les feuilles, les branches, les fleurs ? Même un arbre taillé. Essayez : rien que cela exige plusieurs mois d'apprentissage. Ensuite, passez à votre champ ou à votre jardin...

Deuxième principe. Pour ce qui est de la forme naturelle des plantes cultivées, parfois il est aisé et évident de la reconnaître, parfois cette forme s'est perdue via la sélection traditionnelle et/ou scientifique. Notamment pour toutes les plantes que l'on taille traditionnellement, il est impératif de se poser la question de la forme naturelle. Beaucoup de permaculteurs plantent des arbres dans leurs champs cultivés, mais ils les taillent de façon traditionnelle. Selon Fukuoka la taille entraîne faiblesses de l'arbre, sensibilité aux ravageurs, faible rendement et travail d'élagage. Ces permaculteurs ne réfléchissent pas aux essences à implanter en termes de complémentarité pour amener des pollinisateurs et des prédateurs naturels des ravageurs ; ils pensent en monoculture, alors que la permaculture est nécessairement une polyculture. Donc ils ne devraient pas se revendiquer permaculteurs, mais plus simplement agriculteurs traditionnels.

L'écogenèse est le principe le plus galvaudé, le plus oublié et pourtant il est très important. De ce principe découle l'inutilité des intrants ! Fukuoka n'utilisait aucun intrant. Aucun fumier, aucun compost, aucun amendement organique ou minéral et pourtant ses rendements étaient bons, étaient équivalents à ceux de l'agriculture chimique. Beaucoup de permaculteurs et d'agroécologistes importent des quantités considérables de fumier et de compost, voire d'autres amendements. Cela ne peut pas s'appeler de la permaculture ni de l'agroécologie. C'est trahir fortement la pensée de Fukuoka. La conséquence est considérable : cela déresponsabilise l'agriculteur quant à la gestion de la fertilité de son sol. Il n'en est plus responsable, il suffit de remettre du fumier chaque année ! Donc l'agriculteur ne fait pas l'effort de connaître son sol, de savoir comment chaque culture influence sa fertilité. De plus, cette matière organique amenée ici est matière organique qui manque là-bas. Qui n'est pas retournée à son sol d'origine, et ce sol là-bas va s'appauvrir. Ces permaculteurs qui s'en fichent d'être autonomes en matière pratiquent en fait l'agriculture dite « bio-intensive », telle qu'enseignée par Eliot Coleman, Jean-Martin Fortier et Charles et Perrine Hervé-Gruyer. Tous utilisent plusieurs dizaines de tonnes de fumier composté par an pour maintenir la fertilité de leurs sols. Cette agriculture biologique à fort rendement n'est pas durable. Donc elle ne peut pas être considérée comme une alternative sérieuse à l'agriculture chimique. Elle n'est pas assez basique ; l'agriculture doit être basique, et la base c'est l'équation de la vie. Si on renonce à ce principe sous prétexte de rendement ou de temps de travail, les mots permaculture et agroécologie deviennent des mots « fourre-tout ». C'est inacceptable, surtout en cette époque où les firmes agrochimiques prennent le contrôle de la majorité des terres arables sur le monde, pour les pulvériser de pesticides de toutes sortes et d'engrais de synthèse qui ruinent leur fertilité.

Quatrième principe de *parcimonie des tâches agricoles* (« non-agir »). J'ai vu un permaculteur qui a préparé son champ pour un sous-solage (travail du sol à -60, -80 cm) et par un labour conventionnel. Un autre encore a utilisé une pelleteuse pour faire des buttes de culture. Leur argument est que cela permet de gagner du temps, le projet permacultural ayant été conçu l'année n et devant absolument démarrer l'année n+1. Je suppose que Fukuoka a été incinéré, mais ses cendres doivent se retourner dans leur urne ! Je n'ai qu'un seul problème avec cette façon de procéder : c'est l'appellation. Pourquoi vouloir s'appeler permaculteur et utiliser des techniques traditionnelles mécanisées, si ce n'est pour vendre ses récoltes plus chères ? C'est une tromperie. Hélas. La prise en main d'une terre, en permaculture et en agroécologie, se fait par la couverture du sol en hiver par du foin, des cartons ou des bâches, puis au printemps, après grattage superficiel, par un semis d'engrais vert (cf. mes cours pour plus de détails). Il y a aussi des permaculteurs ou des agroécologistes qui disposent de plusieurs milliers de mètres carré de serre. Or dans une serre, les conditions de croissance ne sont pas du tout naturelles. Là aussi, l'appellation est trompeuse à dessein : c'est de l'agriculture biologique tout simplement.

Bref, n'est pas permaculteur ou agroécologiste qui veut !

L'expérience de Fukuoka

J'ai classé son expérience par catégorie : pensée non-discriminante, forme naturelle des plantes, écogenèse et non agir, situation vis-à-vis de l'agriculture traditionnelle et chimique, aspects socio-économiques. Les numéros de page renvoient à l'édition citée. Mes interprétations, explications et développements sont précédés d'une flèche.

Les citations de Fukuoka feront sens, ou non, selon l'expérience agricole que vous possédez. Idéalement, pour le permaculteur et l'agroécologiste authentiques elles doivent toutes faire sens. Si ce n'est pas le cas, alors vous vous êtes écartés de la source. Où allez-vous, maintenant ? Êtes-vous certains que rogner les principes de Fukuoka, pour diverses raisons notamment celle de générer rapidement beaucoup d'argent, va vous permettre un rendement maximal et garantir la fertilité de votre sol ? Que voulez-vous ?

À dessein les citations ne sont pas exhaustives : il s'agit ici de renouer avec le fondamental. Mais toutes ces citations sont des invitations à agir ! La permaculture et l'agroécologie sont la transformation de ces mots en actions.

Pensée non-discrimante

4e de couverture (rédigé par un ancien stagiaire de Fukuoka) : ... une compréhension des interactions entre l'agriculture et les autres aspects de la culture japonaise. Il [Fukuoka] sent que l'agriculture sauvage a son origine dans la santé spirituelle de l'Homme.

Connaissance non-discriminante

p.14 : le but ultime de l'agriculture n'est pas la culture de récoltes mais la culture et la perfection des êtres humains

p.17 : il fait vivre ses stagiaires d'une manière primitive comme il a lui-même vécu ... car il croit que cette manière de vivre développe la sensibilité nécessaire pour faire de l'agriculture naturelle

p.37 : un héron nocturne apparut... s'envola au loin. Je pus entendre le battement de ses ailes. En un instant ... tout ce que j'avais tenu pour ferme conviction, tout ce qui avait l'habitude de me tranquilliser, était balayé par le vent. Je sentis que je comprenais juste une chose : ... que je ne comprenais rien. → Le savoir rationnel ne peut jamais tout expliquer de la Nature. Donc comment appréhender la nature de la façon la plus juste ? En se départissant de nos connaissances scientifiques et traditionnelles, pour voir la nature telle qu'elle est. C'est la connaissance non-discriminante.

p.111 : Fukuoka présente l'exemple de l'irrigation des champs avec des pompes électriques et le matériel en cascade que cela nécessite. → Solutions matérielles, attention ! Quand il faut toujours plus de matériel, chaque matériel amène son lot de problèmes, problèmes qui requiert encore du matériel pour être résolus, et ainsi de suite. Le matériel appelle le matériel, et c'est sans fin. Il faut donc réduire au maximum le matériel nécessaire, mieux encore : se passer de matériel, *en ne créant pas les conditions qui le rendent nécessaire.*

p.129 : les aliments qui sont à proximité sont les meilleurs pour l'être humain et ceux pour lesquels il doit lutter sont pour lui les moins bénéfiques de tous.

p.149 : la nature saisie par la connaissance scientifique est une nature qui a été détruite ; c'est un fantôme avec un squelette mais sans âme.

La nature telle que saisie par la philosophie est une théorie née de la spéculation, un fantôme avec une âme mais pas de structure. Il n'y a pas d'autre moyen d'atteindre la connaissance non-discriminante que l'intuition directe ... abandonnez l'esprit de discrimination. → Plus facile à dire qu'à faire, mais, pour ma part, je suis parvenu à cela pour ma prairie, qui est associée à mon jardin et qui me fournit le foin pour couvrir tout mon sol cultivé. Maintenant je la gère de façon optimale : elle produit du foin sans discontinuer et je n'y apporte aucun intrant.

p.181 : il y a du sens et de la satisfaction fondamentale rien qu'à vivre à la source des choses. La vie est chant et poésie.

Forme naturelle des plantes, écogenèse et non-agir

p.80-81 : la conformation de la plante, la forme des racines, l'espacement des nœuds sur la tige. Si l'on comprend ce qu'est la forme idéale, il ne s'agit plus que de savoir comment faire pousser une plante qui ait cette forme, dans les conditions particulières à son propre champ. → Forme naturelle de la plante au cours de son cycle de vie naturel, c'est-à-dire dans un environnement peu cultivé (Fukuoka observait les champs abandonnés).

p. 83 : semis de trèfle blanc, luzerne et radis daikon dans le futur verger.

p.84 : permettre à un arbre fruitier de suivre sa forme naturelle dès le début est le mieux. L'arbre portera chaque année des fruits et il n'est pas nécessaire de le tailler. → Pour conduire un verger d'arbres non taillés, Fukuoka a planté des essences non fruitières dans le verger même et implanté une couverture de sol spécifique. Non-taille, essences compagnes pour gérer maladies et prédateurs et enrichir le sol, couvert de sol améliorant la fertilité du sol et qui se resème tout seul sont les trois sous-principes du verger sauvage. La lecture du livre de Fukuoka est indispensable pour se familiariser avec cette méthode raffinée et qui doit être adaptée avec soin à votre verger.

p.85 : pour améliorer la terre du verger j'ai essayé plusieurs variétés d'arbres ... acacia Morishima ... faire pousser des arbres sans élagage, sans fertilisant ni pulvérisation chimique n'est possible que dans un environnement naturel. → La proximité d'une autoroute, d'une zone industrielle ou résidentielle interdit de facto l'agriculture sauvage, ou sinon la rend plus difficile, car les prédateurs naturels des parasites sont détruits ou détournés par les activités anthropiques. Les parasites vont de même migrer en grand nombre vers l'espace d'agriculture sauvage. Pour ma part, environné d'un bocage en lambeaux et de champs de maïs conventionnels, je constate que lorsque les ravageurs sont présents, ils pullulent et n'ont aucun prédateur naturel. Les pollinisateurs sont absents (aucune abeille commune n'est présente dans mon champ si je ne laisse pas pousser quelques pieds de phacélie, de même il n'y a aucune guêpe dans mon champ et dans les environs).

p.88 : plutôt que, pour améliorer la terre du verger, faire du compost ou répandre du bois ... il faut mieux planter directement des arbres dans le verger. Qui attirent les pollinisateurs et brisent le vent. → Polyculture.

p.190 : En agriculture il y a peu de choses qui ne se laissent pas éliminer. Fertilisants préparés, herbicides, insecticides, machine – tout est inutile. Mais si on crée la condition qui les rend nécessaires, on a alors besoin du pouvoir de la science. → Je rajoute que Fukuoka ne travaille jamais son sol. Le non-travail du sol est un objectif vers lequel il faut tendre. Pour les graines qui ne se laissent pas enrober d'argile et simplement jeter sous le couvert de la culture arrivant à terme (semis sous couvert – ainsi procède Fukuoka), la préparation du lit de semence reste nécessaire, à la griffe ou au motoculteur. Pour les gros légumes plantés (courgettes, courges) seulement je parviens à me passer du travail du sol sur 15 cm avec un motoculteur.

Positionnement vis-à-vis des agricultures traditionnelles et chimiques

p.21 : Avec la méthode traditionnelle la condition du sol restera toujours la même. Le paysan obtient des rendements proportionnels à la quantité de fumier et de compost qu'il répand.

p.23 : En compensant la réduction de travail animal et humain [par des engrais chimiques et des pesticides] le nouveau système [scientifique] mina les réserves du sol.

p.43 : L'agriculture chimique qui utilise les résultats du travail de l'intelligence humaine était considérée comme supérieure. La question qui était toujours au fond de mon esprit était si oui ou non l'agriculture sauvage pouvait tenir tête à la science moderne. → J'invite, je le redis, tous les agroécologistes et permaculteurs à respecter les principes fondamentaux de leurs discipline, qui sont ceux inventés par Fukuoka, à les nommer correctement quand ils en parlent (j'ai lu des maraîchers expliquer faire des « semis de courges sous couvert de paille » pour dire qu'ils plantent des courges dans une terre paillée…) Nous devons savoir si oui ou non ces principes amènent du résultat. S'ils ne sont pas respectés, on ne peut pas évaluer leur validité. La question de Fukuoka demeurera sans réponse et son esprit viendra nous hanter dans nos rêves ! *Ainsi, Fukuoka savait qu'étaler de la paille enrichissait son sol : il le constatait. Mais dans les années 1950 la preuve scientifique écologique de ce processus n'avait pas encore été apportée.*

Fertilité naturelle

p.52 : Il y a toujours ceux qui essaient de mêler agriculture sauvage et scientifique, mais cette manière de penser manque totalement le but ... l'agriculture sauvage demande un retour à la source de l'agriculture. Un seul pas qui écarte de la source ne peut être qu'un pas qui égare. → Vouloir mêler pesticides, plantes hybrides, forme naturelle et écogenèse par exemple, telle que cela est promu dans l'agroécologie selon la définition du ministère de l'agriculture, est un non-sens. C'est, pour le dire sans ambages, un galvaudage volontaire de l'agroécologie, pour que les producteurs de machines, de pesticides et de semences hybrides puissent continuer à faire des bénéfices. Personne n'est dupe. Autre question plus intéressante : l'agroécologie, qui est l'agriculture sauvage complétée par la science écologique, est-elle vouée à l'échec ? Comme expliqué, l'écologie est une science globale, qui ne découpe pas et n'isole pas les uns des autres les constituants du champ, mais au contraire qui étudie leurs interactions. Je veux croire que le couple écologie-agriculture sauvage est possible et pérenne quand le principe de non-discrimination demeure prioritaire. J'en ai fait l'expérience, positive, pour la gestion de ma prairie.

p.103 : Il paraît que les choses vont mieux quand le paysan applique les techniques scientifiques. Ceci ne signifie pas que la science doive venir à la rescousse parce que la fertilité naturelle est insuffisante par nature. Cela signifie que le recourt est nécessaire parce que la fertilité naturelle a été détruite. En étendant de la paille, en faisant pousser du trèfle, en retournant au sol tous les résidus organiques, la terre arrive à posséder toutes les matières nutritives nécessaires au riz et aux céréales d'hiver dans le même champ chaque année.

→ Fumier, compost, assolement, engrais verts entre deux cultures et amendements sont inutiles. Il faut parvenir à ce que la terre se régénère en permanence, tout au long de l'année. Cela requiert effort d'observation, de réflexion et de conception de techniques agricoles à cette fin. Celui qui ne fait pas ces efforts n'est pas permaculteur ou agroécologiste. Aussi, l'idée d'exporter les sous-produits agricoles (paille, résidus de battage des grains) pour les vendre, économiquement sensée, est agronomiquement mauvaise. C'est ce qui ruine les sols. Il faut abandonner cette pratique.

p.190 : J'ai démontré dans mes champs que l'agriculture sauvage produit des récoltes comparables à celle de l'agriculture scientifique moderne. Si les résultats de mon agriculture passive, du non-agir, sont comparables à ceux de la science, pour un investissement bien moindre en travail et en ressources, où est alors le bénéfice de la technologie scientifique ? → Les preuves du succès de l'agriculture sauvage, de la permaculture et de l'agroécologie seront les preuves que l'agriculture conventionnelle guidée par des considérations de science chimique et de mécanique est superflue. Que cette énergie techno-scientifique peut être mise à profit pour d'autres objectifs. Nous devons sans cesse questionner l'utilité des techniques, des machines, des applications scientifiques, sans quoi les commerçants s'empressent de nous les vendre et les politiques de nous obliger à les acheter !

Aspects socio-économiques

p.51 : Chaque préfecture a testé l'ensemencement direct sans relever de contre-indication majeure. Pourquoi cette vérité ne s'est-elle pas répandue ? Car le monde est devenu trop spécialisé et les gens n'arrivent plus à se saisir des choses dans leur intégralité. → Il me semble que la société progresse positivement dans ce sens, depuis ces phrases de 1975, notamment pour ce qui est des liens agriculture – alimentation – santé – environnement.

p. 119 : Si on demande un prix élevé pour les aliments naturels, cela veut dire que le marchand prend un bénéfice excessif. En outre, si les aliments naturels sont chers, ils deviennent des aliments de luxe et les riches peuvent seuls se les offrir. → Aujourd'hui, les rendements de la main d'œuvre agricole sont sans commune mesure avec ceux de la main d'œuvre industrielle, qui fixent la valeur de la monnaie. Pour ma part, je renonce à ma retraite et accepte chiffre d'affaires de quatre euros par heure de travail, sans quoi je n'aurai pas de clientèle si je fixais mes prix afin d'obtenir l'équivalent du salaire horaire net d'un balayeur dans l'industrie ! Seuls quelques riches pourraient acheter mes produits. Notre société occidentale a un sérieux problème de conception du travail manuel, qu'elle compare sans cesse au travail effectué par les machines ! Alors que c'est incomparable parce que incommensurable.

p. 135 : Si chaque personne recevait un dixième d'hectare, soit un demi hectare pour une famille de cinq, ce serait plus qu'assez pour faire vivre la famille pendant l'année ... beaucoup de temps pour le loisir et les activités sociales dans la communauté villageoise ... pour faire de ce pays une terre heureuse et agréable. → « Une terre heureuse et agréable » : voilà une exigence simple que notre société a perdu de vue dans sa complexité économique.

p.138 : Sers la nature et tout ira bien. L'agriculture était un travail sacré. Quand l'humanité perdit cet idéal, l'agriculture moderne surgit. Quand le paysan commença à faire pousser des récoltes pour faire de l'argent, il oublia les principes réels de l'agriculture.

p.150 : Si l'on ne cherche plus à manger ce qui est agréable au goût, on peut goûter la vraie saveur de tout ce que l'on mange. Il est facile de servir les aliments simples d'une nourriture naturelle sur la table du repas, mais ceux qui peuvent vraiment aimer un tel festin sont peu nombreux. → Ne chercher que le plaisir en mangeant est incompatible avec l'agriculture sauvage, donc avec la permaculture et l'agroécologie. Ces agricultures ne peuvent pas nourrir les gens qui ne conçoivent l'alimentation que comme un moment de plaisir. Le plaisir est discrimination. Il faut une alimentation non-discriminante, comme prolongement de l'agriculture non-discriminante. Seulement ainsi peut-on parvenir à percevoir l'effet d'un aliment sur notre santé, en plus de son goût. Un permaculteur ou un agroécologiste qui fournissent un restaurant de gourmet est un non-sens. L'idée du goût, comme les connaissances scientifiques, comme les techniques, est une construction sociale dont il faut se départir. Il faut oser.

p.159 : Les nouilles de blé sont délicieuses, mais une tasse de nouilles instantanées d'un distributeur automatique a très mauvais goût. Cependant on ôte par la publicité l'idée qu'elles ont mauvais goût et beaucoup de gens en viennent à les trouver bonnes. → Depuis 1975 rien n'a changé.

p.163 : La science nutritionnelle occidentale ne fait pas l'effort d'ajuster l'alimentation au cycle naturel. L'alimentation qui en résulte conduit à isoler l'être humain de la nature. Une peur de la nature et un sentiment général d'insécurité en sont souvent le résultat malheureux.

p. 178 On dit qu'il n'y a pas de créature plus sage que l'être humain. En appliquant cette sagesse, les gens sont devenus des animaux capables de guerre nucléaire.

p.179 : Philosophie du non-agir. Un visiteur demande à Fukuoka : Quel serait le monde sans développement ? Pourquoi avez-vous besoin de vous développer ? Si la croissance économique s'élève de 5 % à 10 %, le bonheur va-t-il doubler ? Quel mal y a-t-il dans un taux de croissance de 0 %? N'est-ce pas un type d'économie plutôt stable ? Pourrait-il y avoir quelque chose de mieux que de vivre simplement et sans souci ? → Pour ma part, je voudrais combiner cela à l'effort technologique d'exploration de la Terre et de l'espace. Il y a dans l'Homme le calme et l'aventure : je crois que notre nature est duale.

p.185 : À l'origine les êtres humains n'avaient pas de but. Maintenant s'inventant un but ou un autre, ils luttent désespérément pour essayer de trouver le sens de la vie. C'est une lutte sans adversaire et sans repos. Il n'y a pas de but auquel l'Homme doive penser, ou à la recherche duquel il doive partir. On ferait bien de demander aux enfants si oui ou non une vie sans but est une vie dénuée de sens. → Voilà des paroles d'un méditant accompli.

En conclusion

Revenir aux expériences originelles de Fukuoka sert à rappeler au permaculteur et à l'agroécologiste qu'il est futile de vouloir être « sous le feu des projecteurs », de vouloir devenir célèbre ou reconnu. Si c'est cela que l'on souhaite, alors on ne sera pas heureux dans nos champs. Soyons nous-mêmes, c'est tout. Ne rentrons pas dans une forme de compétition. On ne sera plus aptes à vivre ces moments quand on perçoit la Nature telle qu'elle est : ces moments ne sont accessibles qu'aux âmes désintéressées.

Il s'agit pour nous, agroécologistes – et permaculteurs –, simplement de faire ce qu'il faut pour qu'on se nourrisse, pour que la nourriture soit saine, dans le respect des saisons, en laissant aux prochaines générations un sol naturellement fertile. Ni plus ni moins. Cette attitude simple, parcimonieuse, qui ne s'encombre pas des modes techniques et alimentaires, doit nous permettre d'être au plus proche de la nature. Car nos clients, celles et ceux qui consomment les produits de nos champs et de nos jardins, eux ne sont pas proches de la nature. Nous sommes le lien entre eux et la nature, entre la société et la nature. Si nous-mêmes nous éloignons de la nature, si nous l'artificialisons, alors nos clients s'en éloigneront d'autant plus. N'admettons pas que l'on moque notre parcimonie, notre simplicité, qui est la même que celle des paysans d'autrefois : pour chaque petite adaptation aux modes alimentaires ou techniques, c'est un peu de notre responsabilité que nous abandonnons. Soyons fidèles à nos objectifs : notre cohérence est le meilleur argument pour promouvoir l'agroécologie.